金融网络舆情应对研究

JIN RONG WANG LUO YU QING YING DUI YAN JIU

朱晓航◎主 编

汤 星 许凌筠 王 森◎副主编

经济管理出版社
ECONOMY & MANAGEMENT PUBLISHING HOUSE

图书在版编目（CIP）数据

金融网络舆情应对研究/朱晓航主编. —北京：经济管理出版社，2021.4
ISBN 978 - 7 - 5096 - 7943 - 2

Ⅰ. ①金…　　Ⅱ. ①朱…　　Ⅲ. ①金融监管—互联网络—舆论—研究　　Ⅳ. ①F830. 2
②G206. 2

中国版本图书馆 CIP 数据核字（2021）第 075554 号

组稿编辑：郭丽娟
责任编辑：乔倩颖
责任印制：黄章平
责任校对：王淑卿

出版发行：经济管理出版社
　　　　　（北京市海淀区北蜂窝 8 号中雅大厦 A 座 11 层　　100038）
网　　　址：www. E - mp. com. cn
电　　　话：（010）51915602
印　　　刷：唐山玺诚印务有限公司
经　　　销：新华书店
开　　　本：720mm×1000mm/16
印　　　张：9.75
字　　　数：149 千字
版　　　次：2021 年 5 月第 1 版　　2021 年 5 月第 1 次印刷
书　　　号：ISBN 978 - 7 - 5096 - 7943 - 2
定　　　价：68.00 元

前言 PREFACE

在网络技术迅速发展的今天，互联网已经深度融入人们的生产与生活中，对各行各业产生着深刻的影响。在互联网时代，网络成为反映、传播舆论的重要载体，网络舆情在人类社会生活中的地位和影响力不断提升，并成为各方日益关注的社会现象和课题。

党的十九大报告提出：要坚决打好防范化解重大风险、精准脱贫、污染防治的攻坚战。防控金融风险是防范化解重大风险的重要内容之一。随着互联网迅速发展，网络舆论对经济稳定尤其是金融稳定的影响愈加突出，做好金融网络舆情应对工作的重要性日益凸显。准确把握金融网络舆情的规律和特点，深入总结以往应对金融网络舆情的经验，高度重视，多管齐下，就能发挥好金融网络舆情的"预警器"作用，为防范化解金融风险增添"保险阀"。

本书首先介绍了金融网络舆情的基本内涵、理论基础，总结了金融网络舆情的基本特征，分析了相关应对工作面临的挑战。其次针对金融网络舆情的监测发现、应对处置、宣传解读、疏解引导四个环节，分别对典型案例、热点事件进行剖析，总结经验与得失。最后结合相关案例，对如何做好金融网络舆情应对工作进行总结，努力为开展相关研究和实践工作提供一定的参考与借鉴。

目 录 CONTENTS

第一章

金融网络舆情概述

网络已成为社会治理的重要组成部分，网络舆论形成的社会环境、群众基础、演变发展与传统媒体时代相比也都有了巨大变化，如何适应互联网带来的改变，考验着执政者的智慧，也是每位金融从业者面对的考题。

一、金融网络舆情的定义

（一）舆情

"舆"最早出现在商代的甲骨文中，是一种古代的车，舆和人连用之后，广义上指与车有关的如车夫、杂役等，相应地也就与"吏"对应，指普通百姓。《现代汉语词典（第6版）》中有两个解释：一层意思是车、车中可以载人载物的部分、轿。另一层意思是众多、众人的。"何谓人情？喜、怒、哀、惧、爱、恶、欲，七者弗学而能"，这是"情"字在春秋战国时期的《礼记·礼运》中的记载，可以理解为人的七种情绪。在《现代汉语词典（第6版）》中，"情"字解释为感情、情面、爱情、情况、情理。《辞源》把"舆情"解释为"民众的意愿"。《辞海》将"舆"解释为"众人的"，提到了"舆情"，但没有对其做出词义界定。按照字面意思解释，"舆情"就是"众人的情绪、意见"。《现代汉语词典（第6版）》将"舆情"解释为"公众的意见和态度"。

梳理历史脉络，"舆情"一直是社会治理的重要部分。中宣部常务副部长、中央政策研究室副主任王晓晖在《舆情信息汇集分析机制研究》一书中认为：目前发现中国历代文献中最早出现"舆情"连用的正式文书记载于《旧唐书》（卷一百七十七）（公元897年）刊载的唐昭宗的一份诏书："朕采于群议，询彼舆情，有冀小康，遂登大用"。南唐诗人李中在《献乔侍郎》中写道："格论思名士，舆情渴直臣。"意思是百姓意见的表达还需要敢于直言的臣子。研究者对舆情的概念定义如"舆情是指在一定的社会空间内，围绕中介性社会事项的发生、发展和变化，民众对国家管理者产生和持有的社会政治态度""社会各阶层民众就社会现状与发展所持有的态度、情绪、意见、看法或是行为倾向"。虽然表述各异，侧重点不同，但基本的共识包括：舆情是社会现实的产物，针对的是社会现实；生产舆情的主体是一定数量的公众；表达方式是公共场合的公开表达；承载舆情的客体是意见和情绪。

在讨论"舆情"这一概念的时候，通常还会提到"舆论"，通常认为，舆情是有中国语境的词语，并无相应的英文。舆论一般对应"public opinion"，在狭义上，两者基本同义；在广义而言，舆情外延相比舆论更广，如果说舆论是一个个的点，舆情更像一个集合及动态的变化过程，它包括舆论从产生、爆发、消亡的全貌，是一个动态的发展过程。法国社会学家布迪厄提出的"场域"概念认为，各种位置之间存在着客观关系的一个网络。争夺的不仅包括资本的垄断权，还包括场域规则的制定。也就是说，各种舆情之间也存在冲突和竞争。

本书所讨论的舆情界定为：在一定的社会空间内，围绕社会发展和变化，公众对社会事件的公开意见、情绪及变化过程。舆情大致可以包括以下几个方面：舆情的主体，即拥有独立行为能力的民众；舆情的内容，即舆情讨论的对象，本书主要讨论的是有一定议论度的社会现象、事件；舆情的渠道，即通过什么方式传播；舆情向谁传播，一般认为诉求对象包括政府、涉事方；舆情的传播效果，即舆情有没有达到传播者预想的结果；舆情的传播环境，即舆情形成、发展、消亡所处的社会背景和现实环境。

在理解舆情时，我们还需要厘清几个在实践中容易混淆的问题。

1. 重事实、轻情绪

从文字的本源而言，情绪是人的本能，也是舆情本身重要的含义，在实践中，我们往往更关注舆论的意见层面，也就是具体的观点、诉求，特别是遇到突发公共事件产生的舆情时，有一种解决了具体诉求就是"对症下药"，就能平息舆论的认知。实际上，随着社会现实日趋多元化，产生的意见、观点也多元化，甚至在单个事件中的诉求也不是单一的，其背后的驱动力是一种长久以来的情绪。这种情绪通过某个具体的舆情事件被引发，但这种情绪的平复却并不能因某个具体事件得到解决而平息，而是需要长期的、大量的工作才能完成。"念念不忘，必有回响"，每逢类似的事件发生，总可以从以往的案例中找到类似事件，也就是当时的平复不是真正的平复，只有社会现实对这一问题彻底解决，没有产生这一舆情的社会基础、土壤，它才会消失。

2. 只有公开的、公共的才能被纳入舆情考察范围

2004 年 9 月 16~19 日，中共十六届四中全会在北京召开，全会审议通过了《中共中央关于加强党的执政能力建设的决定》（以下简称《决定》），在《决定》中提出了加强舆情管理的要求。"建立社会舆情汇集和分析机制，畅通社情民意反映渠道。"要搜集舆情，就必须先明确哪些属于社会舆情。当民众拥有可以表达的自由空间，可以充分、及时、准确表达自己诉求时，才会产生舆论，进而形成舆情。公民的发言是有公私界限的。在对舆情进行分析的时候，我们采纳的是公民公开的发言，进一步说，言论的传播对象是未加严格控制的。比如公司内部的讲话，如果是在公司内部传播，那不能纳入到政府视角的舆情范围，但如果这种讲话在互联网上传播开来，被原本在知悉范围之外的人知悉，那就可以纳入到舆情中。同样地，讨论的话题要有一定的社会基础。比如虚拟货币投资，如果仅在该圈层传播，那仅仅属于行业舆情；但一旦这种情绪传播到更广层面，突破了原来的圈层，那就可以纳入到社会舆情的关注范围。

3. 关注结果而非过程，关注个案而非整体把握

把握舆情事件中各方舆论的数量，是科学做好"舆论引导"的依据之一。

陈力丹教授在《舆论学》里谈到"舆论的数量"问题，他认为，有61.8%的人持某种意见，则这种意见在这一范围内已成为主导性舆论，超过总体的1/3时，舆论才能开始影响群体。无用的意见总是存在，只有对意见超过1/3的才要加以重视。这为我们进行研判和引导提供了具体的参考，但在实践中，遇到操作上的难题。一方面，网上信息剧增，人类社会已经进入了大数据时代，也就是说，浩瀚的信息中仅有一小部分的事件能够进入到大众视野，成为公共事件；另一方面，在考虑意见的时候，不同网民可能持好几种意见，而持某种意见本身也有态度强弱之分。对于政府部门而言，了解全貌往往比单个事件更能把握全局。在考察整体舆情的时候，我们不妨借助"新闻洞"这一概念进行理解。各种大众媒介汇聚而成一个封闭系统，这个封闭系统选择性地反映了社会整体面貌和变动。各种具体的新闻洞分散反映社会具体情况，而所有的新闻洞则会聚反映了某个社会系统的全貌，人们可以通过它发现潜在性的势力，预测发展的趋势。

（二）网络舆情

网络舆情将舆情发生的场所限定在互联网上，即在网络环境中形成变化的舆情，可以理解为网上的相关舆情，包括舆情在网上的产生、发展、消亡。网络舆情产生同样要有社会基础，仍然植根于社会现实，它是现实舆情在网上的反应。发表意见的网民，也是由现实中的人组成。同时，因为网络本身的虚拟性、丰富性、便捷性等特点，网络舆情也具有自身特点。

网络的出现、运用导致了网络空间的产生。全球网络空间的用户和数据都在迅速增长。中国互联网络信息中心（CNNIC）发布的第46次《中国互联网络发展状况统计报告》显示，截至2020年6月，我国网民规模达9.40亿，较2020年3月增长3625万，互联网普及率达67.0%，较2020年3月提升2.5个百分点（注：CNNIC将网民定义为平均每周使用互联网至少1小时的中国公民）。国际数据公司（IDC）发布的报告《数据时代2025》显示，2025年，全球每年产生的数据将从2018年的33ZB增长到175ZB，相当于每天产生491EB的数据。如果把175ZB数据全部存在DVD光盘中，那么这些DVD光盘叠加起来的高度将是地球和月球距离的 23 倍。

总体而言，全球范围内大量的观点、意见、情绪流入自由市场进行博弈，在基于经济理论的解释中，强调效率、消费者满意度和竞争，与反对政府规范传播工业相关；而基于民主理论的解释则强调共鸣的知晓权、获得信息基础上的决策和有效自治，与提倡政府规范传播工业相关。网络的发展极大地增强了个人选择和发表信息的权利，传播手段的多样和便捷，特别是移动端的出现，极大降低了人们上网的门槛，"人人都有麦克风"已经成为一种现实。美国学者保罗·莱文森称之为"手机就像细胞，无论走到哪里，它都能够生产新的社会、新的可能、新的关系"。电子传播媒介使接触它们的人身体所处的地点不再与其社会上的身份、地位相关联，不再限制在一个给定的信息系统之中。

加拿大社会学家戈夫曼曾提出"戏剧论"的观点。他认为，人在不同社会舞台上扮演不同的社会角色，当人们进入某种环境时，就必须对这一社会环境及处于同一环境中的其他人有所了解，担任某一社会角色的人，要使自己的言行举止符合这一角色所代表的某一类型的人的角色规范，而且也需要合适的社会环境和观众。网络以其虚拟性，天然地创造了网上和网下两个舞台。在实践中，我们必须特别注意，网上的发言并不一定等同于现实言论，网上舆论总是伴随着一种情绪而被有意无意地发酵、放大。基于匿名性原理，一些平时循规蹈矩的人在集合行为中做出越轨的行为，处于一种没有社会约束力的匿名状态，这种状态使他失去社会责任感和自控力，在一种法不责众的心理下，宣泄自己的情绪，制造着德国哲学家汉娜·阿伦所言的"多数人的恶"。随着网络实名制的出现，网络发言的规范性得到了极大的改善，网上和网下的言论越来越趋于一致。

不了解网民，对网络舆论的认识就无从谈起。2016 年 4 月 19 日，习近平总书记在网络安全与信息工作座谈会上指出，"网民来自老百姓，老百姓上了网，民意也就上了网。群众在哪儿，我们的领导干部就要到哪儿。各级党政机关和领导干部要学会通过网络走群众路线，经常上网看看，了解群众所思所愿，收集好想法好建议，积极回应网民关切、解疑释惑"。网民在网上，社会情绪就在网上，意见就在网上，社会治理已经不能忽略互联网的力量。一般而言，受众是信息流通的目的地，是传播活动产生的动力，也是传播效果的反馈源。随着网络的普及，传受的界限日渐模糊，尽管对传播权的控制始终存在，但这种控制不断弱化，网民既是受众又是传播者。英国学者斯图亚特·霍尔认为，意义不是传播者传递的，而是接受者生产的。法国符号学大师罗兰·巴特曾提出"可读文本"和"可写文本"两个概念，可读文本是一种完全定型的文本，这几乎导致了"被动的读者"或者说是"单纯的消费者"。而可写文本处于"未完成"、开放的状态中，它要求读者像作者一样去创造。作为接受者和意义生产者的受众，不同类型的受众和消费者，他们不一定是被动地等待接受，而是在主宰性体制所提供的资源、商品和文化中创造出自己的文化。

（三）金融网络舆情

2020年，"内卷"（Involution）这个原来用来描述社会文化模式的变迁规律词迅速被传播开，成为网络热词。美国文化人类学家亚历山大·戈登威泽提出，当一种文化模式进入到最终的固定状态时，便逐渐局限于自身内部不断进行复杂化的转变，从而再也无法转化为新的文化形态。原本用来描述文化领域停止状态的"内卷"逐渐演变为对于某种停滞性的经济发展阶段的描述。

金融网络舆情作为社会舆情的风向标，无疑具有指导和前瞻意义。

1915年出版的《词源》，称"金钱之融通曰金融"，1990年《中国金融百科全书》中，将金融定义为"货币流通和信用活动以及与之相关的经济活动的总称"。金融网络舆情将网络舆情的类别限定在金融领域，可以理解为网上有关金融的舆情，但由于事件本身的高度关联，金融舆情并不一定局限在金融领域，它往往与社会治理、社会稳定相关。金融网络舆情的客体除了具体的事件、情绪，还有数据，是消除不确定性的重要指标。"随着信息技术在金融领域的广泛应用，信息流已成长为金融市场上影响甚至左右资金流向的重要因素。"

为了深入理解金融网络舆情的特殊性，需要进一步梳理信息的概念。信息是一切物质的普遍属性，是客观存在的事物运动的表述形式，作用是表述它所在的物质系统，从而减少或消除人们对该物质系统的不确定性。1854 年，德国科学家克劳修斯提出"熵"（entropie）的概念。1923 年，我国物理学家胡刚复教授将其译为"熵"，是表示分子状态混乱度的度量单位，一个系统的混乱度越高它的熵就越高。信息是事物属性的反应，作为抽象概念的信息，我们常说信息很多或者很少，却很难说清信息数量到底有多大，直到 1948 年，信息论之父克劳德·艾尔伍德·香农提出了"信息熵"的概念，来描述信息的不确定性，才解决了对信息的量化度量问题。信息熵的主要含义是：信息的基本作用就是消除人们对事物的不确定性。网络信息的基本作用也应如此，有关金融的网络信息更应该如此。

美国学者李普曼认为，当理性的个体面对非理性的群体、规则、公共舆论时，被影响、被同化、被规划到一个大的群体中削去棱角和特殊性，最终形成一种共性的模糊，是一种必然的结果。金融舆情因其专业性，在被广泛传播到社会中时，必然会被削弱其专业的一面，而留下来的部分往往夹杂着社会情绪。金融市场对舆情具有高度的敏感性，其主体也或多或少受到金融舆情事件的影响，对金融舆情的应对得当可以有效疏解市场情绪，保持金融市场平稳和有序；应对不当则可能引发金融风险、金融市场波动。

了解金融舆情，特别是网络金融舆情的演变机制，是建立合理监测机制、科学应对舆情的重要基础，对金融市场的各个主体都有着重要的理论和实践意义。从宏观层面上说，金融政策要顺利推行，离不开良好的舆论氛围，把握金融市场主体尤其是公众的情绪、意见，从而科学预判其认知、预期和行为，是进行金融决策的重要参考。从中观层面上说，金融行业以信用为基础，不论是股市、债市、汇市，都极易受到舆情影响，一旦形成舆情事件，则会引起股票、债券、外汇等金融资产价格的波动，给投资者造成利益损失，并可能给金融管理部门和金融机构造成负面影响；对于个人而言，科学了解金融网络舆情，也是理性投资、科学决策的重要前提。

二、金融网络舆情的传播学理论基础

（一）舆情的形成

舆情是植根于社会现实产生的，脱离社会现实、背景，单纯只谈网上的事，无异于镜花水月、空中楼阁。张世晓（2014）认为，金融舆情源于公众对特定金融事件或金融运行形势、趋势所发表的评论、观点和意见，能够通过一定的作用机制对实际的金融机构、金融市场甚至宏观金融运行产生现实的影响。当前，我国社会正处在全面转型期。2019年，我国人均国民总收入（GNI）首次突破1万美元，高于中等偏上收入国家水平。经济形势和社会环境的变化导致不确定性增大，社会矛盾也日趋复杂和多样，因此也容易形成更多的公共事件。在金融领域，金融机构日渐丰富，主体日渐多元，提供的服务也更为多样，特别是随着互联网的兴起，以往公众不太熟悉的金融服务和金融产品，也日渐接地气，通过互联网这一媒介为更多公众所熟知。

从宏观层面看，意见的形成离不开我们现在所处的信息环境。信息环境是指一个社会中由个人或群体接触可能的信息及其传播活动的总体构成的环境。值得关注的是，以互联网为代表的媒体所提供的环境并不是对现实环境镜子般的再现，而是通过对象征性事件或信息进行加工、重新加以结构化后向人们提供的环境，信息环境具有社会统治功能。美国社会学家丹尼尔·贝尔在《后工业社会的到来》中写道，信息产业的增长改变了人民劳动就业的结构，也改变了人们的生产和生活方式，并导致社会体系和社会文化发生深刻的变化。

近年来，随着互联网的快速发展和日益普及，越来越多的民众开始使用互联网。人们可以在网上表达和交流社会经验。截至2020年6月，我国农村网民规模为2.85亿，占网民整体的30.4%，较2020年3月增长3063万。互联网的扁平化结构使得对金融事件、话题能够发表言论的对象范围大大拓宽，金融舆情的主体在网上有日益庞大的基础。可以说，在互联网时代，金融网络舆情的产生已经不仅局限于金融专业人士，广大网民都可就相关话题发声，或"用脚投票"支持或反对某一金融机构。个人意见的表达通过网络得以聚合、传播，在互联网上，人们以匿名的形式进行交流，讨论公共事务，形成最初的公共意见。不同语言、不同文化的人可以在网上找到"志同道合"的盟友，网络的便捷性可以将碎片化的消息迅速展示出来，而搜索引擎的发明则将碎片化信息聚合速度大大提升，这是某个话题、某个事件能够迅速形成舆情的技术基础。

从实践层面而言，公众要发表对公共事件的看法，首先要对公共事件形成一定的认知，这离不开金融事件、信息的披露和公开，信息公开是一种权力，公开多少，对谁公开，公开到什么程度，什么时候公开，都有一定的自主性。除了一些按照制度性要求公开的信息，比如人民币汇率每日中间价、股票价格、上市公司年报等，更多的金融信息公开是有一定限度的，即并非对所有人开放。不仅企业，政府作为主要的金融舆情信息供给者，信息公开也是在逐渐完善的。只有有了足够丰富的金融信息，并且金融信息进入到网上流通，金融舆情形成的基础才能够越坚实。

值得注意的是，信息的流通不仅指接触社会环境中的信息，也包括限制接触这种信息的形式，网络一方面提供了大量的渠道使得网民可以接触在非网络时代不能了解的事情，另一方面海量的信息又将重要的信息限制在里面。随着互联网技术的发展，信息的过剩造成了另一种信息匮乏，"more is less"，选择太多导致注意力被剥夺，进而实际的选择变少。个人发声渠道增多带来了海量信息的产生，同时，个人发声的影响也在相应地变小，网络舆情热点事件更迭速度大大加快。搜索和推送一跃成为信息获取的最重要手段。以"头条"为代表的算法信息流，通过对个人多维度分析之后，推送给我们喜欢、希望获取的信息，实际上是加重了信息的闭塞。我们对渠道的依赖又加重了渠道的垄断。人们以为自己的思想是自己思维的产物，实际上不过是代表某些潜在的力量在思考，我们思考的不过是允许被思考的。

网络论坛是公共领域的媒介，意见观点一致，则意见会进行融合；意见观点不一致，双方进行交锋的情况也并不少见。在这种修正和融合过程中，逐渐有意见或者情绪脱颖而出，成为占据主流的意见。值得注意的是，对具体问题，每个人因各自立场、表达等差异，发言通常是不够理性的，匿名性使得传播者不受现实身份的限制，对参与者个性、自由发言起到了一种保护作用，但同时也有随意发泄、攻击他人的现象。德国社会学家西梅尔认为，社会上的个人都是由特定的信息渠道相互连接，人与人之间通过信息交流组成群体，进而形成了社会。互联网一方面大大加速了舆情的形成，另一方面这种连接的基础是脆弱的，可能仅仅是就某一个问题某一个方面的意见是一致的，而且出于选择性心理，人们往往愿意接触与自己观点相近、相似的观点，这导致信息茧房的产生，观点的流通局限在小圈子里。

（二）舆情的传播

加拿大经济史学家、政治经济学家英尼斯从经济学角度探索人类社会传播发展史，他认为任何一种传播媒介的出现，都能够改变社会体制形态，开创人们交往的新形式，发展新的知识结构，而且常常转移权力中心。网络具有高度渗透性、社会影响力、市场化潜力，已经成为意识形态争夺的主战场。

网民作为网络舆情传播扩散的主体，在事件发生之后通过发言、转帖、评论、点赞等一系列留痕的行为，有意或无意地参与了舆情的传播。受限于个人价值观取向、媒介素养等差异，网民所传播的观点千差万别，行为也不尽相同，在信息不统一、真相未公开的情况下，相当一部分网民容易盲从、跟风。在经过一系列交锋之后，某一类观点、情绪占据上风，更容易造成另一类群体的沉默。这就是1972年伊丽莎白·诺尔-诺依曼在《沉默的螺旋：舆论——我们社会的皮肤》中提出的沉默的螺旋。该理论认为，个人意见的表明是一个社会心理过程，个人在表明观点前对周围环境进行观察，当发现自己属于"多数"或"优势"意见时，倾向于大胆地发表自己的观点；而当自己属于"少数"或"劣势"意见时，一般会屈服于环境压力转向沉默。意见的表明和沉默的扩散是一个螺旋式的社会传播过程，一方的沉默造成另一方的增势；媒介通过营造意见环境来制约影响舆论。

作为舆情传播客体的事件、情绪，要进入公共视野，必须具有一定的广泛性，也就是能够反映一定群体的典型意见、情绪。一般而言，突发事件因短时间的戏剧性、冲突性，更容易得到广泛传播。金融舆情的传播也遵循这一规律。金融网络舆情的诉求往往夹杂着个人利益，当这种个人利益诉求与某一种制度设计、政策执行等相关时，因其具有普遍性，往往到最后都容易朝着社会群体事件发展。此外，在信息相对模糊的情况下，传播更容易变得多样，网民可以根据个人对其加工，形成符合自己价值观的观点，而当信息确定的时候，围绕事实本身的争议相应减少，转而关注事实形成的原因、影响。这样就是不同的事实披露程度对于舆情传播的影响。

舆情传播的话题并不是一成不变的。美国学者丹尼·利恩认为，媒介在告诉受众怎么想时可能收效甚微，但告诉受众该怎么想时却效果明显。1968 年，美国传播学者麦库姆斯调查了总统竞选期间媒介报道对选民的影响的调查，发表了《大众传播的议程设置》一文，正式提出了议程设置的假说，这里面包括两个基本的假设，一是各类媒介是新闻报道必不可少的把关人；二是人们需要把关人帮助决定超出他们感受的哪些事件是值得关注的。大众媒介往往不能决定人们对某一事件或意见的具体看法，但是可以通过信息和安排相关的议题有效地左右人们关注某些事件和意见以及他们对议论的先后顺序。在互联网时代，仍然存在议程设置，但其设置主体、设置方式都有了较大的变化。总体而言，一种是来自网民的自发讨论而形成的舆情事件，比如每年网络热词的出现，绝大部分都是接地气的"网言网语"。另一种是来自官方的议程设置，比如对房地产定调为"房住不炒"，在各大主流媒体上，也都是围绕这一核心价值而展开报道。而实践中，更多的是官方和民间两者议程的交汇、补充、融合，形成一种有机的互动。随着构成舆情事件要素的变化，议程也相应发生了变化。

金融网络舆情是在互联网上进行传播的，互联网上的信息是由 0/1 组成的。美国未来学家尼葛洛庞帝认为，数字技术使得符号以 0/1 比特进行传输，为各种信息在交换、传输、处理过程中进行融合奠定了基础，突破了既有媒介之间的屏障。借助互联网，信息突破时空限制传遍全球，世界成了一个村落，地球村的出现使得人与人、国家与国家之间相互依赖程度大大加强，全球化借助全球性媒体第一次在全世界范围内成为现实，信息时代的每个人、每个地区都成了彼此相连的有机整体，人们在信息网络中成为了地球村的居民。舆情传播也突破了时空界限，特别是随着翻译技术的成熟运用，某些舆情可以在极短时间内传遍全世界并被广泛了解。因互联网技术带来的革新增大和放大了个体行为，当某件事情成为舆情后，焦点人物以往的一言一行可能都会被网民用放大镜观察。这也是舆情能够迅速传遍地球村的技术基础。

（三）舆情的爆发

从田间地头的口口相传、街头巷尾的言语交流到如今互联网的数字符号，信息的爆发已经缩短为以分计、秒计。金融舆情的爆发受到多种不确定性因素的影响，不仅爆发节点难以预估，而且对爆发结果的把控也大大削弱。2002年，加拿大学者马尔科姆·格拉德威尔在《引爆流行》一书中，介绍流行潮背后的原因时，使用了"引爆点"一词，将其借鉴在网络舆情的讨论中，可以用来指对舆情影响较大的关键节点，而舆情的爆发离不开这些关键点。

"意见领袖"是关键点之一。1940年，美国社会学家、传播学奠基人保罗·拉扎斯菲尔德在美国俄亥俄州伊里县调查总统竞选时，提出了"意见领袖"一词，他认为，意见领袖是指人群中那些首先或者较多接触大众传媒信息，并经过自己再加工后将信息传播给其他人的人。互联网上，"意见领袖"的概念正在模糊，新媒体的赋权使得发声渠道触手可及，网络的开放性使得接触信息的门槛变低。意见领袖之所以还能形成一定影响力，并不在于其收集信息和分发信息，更多的是依赖其本身的公信力，对信息加工的能力。在意见领袖发声之后，网民对其意见也不是一成不变的接受、再传播，英国文化研究学者斯图亚特·霍尔认为，主观的受众不仅具有"可读"的能力，还具有"可写"的能力。网民会对信息进行二次加工，原本分散的信息在意见领袖的中心化之后，再一次分散。这实质上是对话语权的再一次分配，网络让集约化的话语权力扁平化，这大大加剧了某个舆情事件的引爆难度，往往多个"意见领袖"才能引爆舆论。

网络的开放性也颠覆了"二级传播",即传统的信息传播从发布到接受需要中间人传递,而网络上的信息从发布到接受,中间完全可以不经过任何第三者,传播模式从线性变成了网状。大量的信息被分散在网络的各个层面,而要使其聚合成"类别",少不了"媒介事件",即经过某"组织"规划并执行,由媒体参与并向受众传播的具有特定历史价值的事件,不仅包括事件本身的"行为",也包括媒介在整个过程中的行为。比如,在我国金融管理部门开展互联网金融风险专项整治工作期间,出现了大量关于政策解读、市场分析等文章,引导了舆情关注的焦点和角度。

德国哲学家尤尔根·哈贝马斯认为,风险社会中最大的危机便是信任危机。学者 Syd ZafarIlyas、John Sheffield 在《对民意的认识和接受》一书中,详细阐述了公众知情权的保障与否是政府决策成功与否的关键所在。受到信息成本的约束,个体在有限条件下无法超越有限理性判断的局限。媒介依赖理论认为,当社会处于不稳定状态时,公众对信息的依赖会增强,媒体的作用会增大。这也是在突发、灾害、紧急类事件时,传统媒体依然能起到重要定心丸作用的理论基础。在银行破产、股市异常波动等金融事件中,都可以看到舆情的突然爆发,而官方的发声可以有效地改变舆情讨论的方向。

舆情的爆发往往伴随着舆情应对,金融业以信用为基础,受到舆情的影响尤为突出,处理得当可以维持金融市场稳定;处理不当容易引发投资者经济损失,进而造成金融市场波动。特别是在公共突发事件中,危机管理的核心是危机传播,即对危机现象采取大众传播等手段进行有效的社会控制的信息传播活动。信息是危机传播的核心要素,如何控制信息的流动渠道和流动时机关系到危机管理的成效。德国传播学家伊丽莎白·诺尔 - 诺依曼认为"在沉默螺旋的作用下,网民个人意见会形成舆论力量,政府能否在第一时间夺取话语权是解决网络舆情危机的关键"。第一时间正确地发声,成为阻断舆情爆发的重要方法。

(四)舆情的消亡

舆情是对特定事件的一种回应,公众的情绪和意见有其自身的演变规律。

我们常常称网上经济活动为"注意力经济",从侧面反映了公众注意力有其本身的衰减周期,也就是对某一舆情事件的关注必然衰减。舆论热点的实时变化说明互联网用户的关注点也在变化,舆情周期受到事件属性、信息渠道、民众心理等多方面因素影响。比如,包商银行破产,因其涉及银行业的稳定,后续影响大,其舆情生命周期比较长。而股市某一天的异常波动,如果能够迅速恢复到正常波动范围,则舆情能够迅速平息,可认为其生命周期比较短。

衰减的趋势不可变,衰减的速度却是可控的。一般来说,舆情的消亡有以下几种类型:一是对该舆情热点事件某一要素进行改变,比如,当事人对舆情事件进行回应,舆情也随之平稳。二是增加新的要素线索,制造新的舆情事件。三是特定的事件结束之后,整个活动停止或者转入下一阶段,媒体的议题也相应地进入下一个议题。王来华认为,舆情结束并不仅意味着舆情消失,它还涉及民众精神上的"残留"以及指向方面的"转移"。也就是说,舆情的真正消亡是其产生的社会基础消失,如果事件产生的社会基础没有改变,一旦类似的诱因出现,可能再次爆发舆情,甚至还可能引发对此前类似事件的再度热议。

金融网络舆情的产生往往伴随着金融热点事件或金融市场波动等现象,相应地,舆情的消亡需要这些现象回归正常。2009年8月25日,原中国银监会第87次主席会审议并发布施行了《商业银行声誉风险管理指引》,标志着金融管理部门已经将金融舆情风险管理纳入到对商业银行经营管理的监管层面。这为我们研究金融网络舆情提供了参考。

三、金融网络舆情的经济学理论基础

(一)"有限理性"假设

早在18世纪,被誉为现代经济学之父的英国经济学家亚当·斯密(Adam

Smith）就在《国民财富的性质和原因的研究》（简称《国富论》）中写道："我们每天所需要的食物和饮料，不是出自屠户、酿酒家和面包师的恩惠，而是出于他们自利的打算。我们不说唤起他们利他心的话，而说唤起他们利己心的话，不说自己需要，而说对他们有好处。"这一描述构成了"经济人"的雏形，即人的一切行为都是为了最大限度满足自己的利益。

继意大利经济学家维弗雷多·帕累托（Vilfredo Pareto）明确提出"经济人"概念后，相关假设被西方经济学理论普遍继承和发展，成为了主流经济学的研究基础。与此同时，传统的经济学理论认为，"经济人"不仅利己还具有"完全理性"。所谓"完全理性"，是指行为人掌握全部所需的信息和知识，在所有面临的选择中，既不会感情用事，也不会盲从，而是能够理性地做出使其利益最大化的决策。在完全竞争的环境下，具有"完全理性"的"经济人"能够在市场这一"看不见的手"的调控下，实现整个经济体系最大效用的均衡状态。然而，随着 20 世纪 30 年代西方发达国家相继发生经济危机，传统经济理论的有效性遭到各方挑战，"完全理性"的假设前提也备受质疑。

经济学家们认为，"完全理性"在现实世界难以实现，不能指导现实决策，认可"有限理性"的声音随之渐响。开创了宏观经济学的英国经济学家约翰·梅纳德·凯恩斯（John Maynard Keynes）在其代表作《就业、利息和货币通论》（简称《通论》）中认为，受主观情绪、心理状态等影响，人的心理活动具有非理性的一面，进而导致了将来选择的不确定性。现代管理理论之父切斯特·I. 巴纳德（Chester I. Barnard）在《经理人员的职能》一书中阐述，人并非是"完全理性的经济人"，只具有有限的决策能力和选择能力。

作为"有限理性"的重要倡导者，1978 年的诺贝尔经济学奖得主赫伯特·亚历山大·西蒙（Herbert Alexander Simon）提出用"有限理性的管理人"取代"完全理性的经济人"，并针对"最优准则"建立了行为人决策的"满意准则"（Satisficing Principle）。西蒙认为，人是介于完全理性与非理性之间的"有限理性"状态：一方面，周边环境的不确定性、信息搜集的不完备性等，在客观上影响了行为人的理性决策；另一方面，行为人的个性、情感、认知能力等因素，也将从主观上影响决策的准确性和确定性。在"有限理性"的基础上，行为人难以实现"最优决策"，只能追求"符合要求"或"令人满意"的结果。他以稻草堆中寻针为例解释称，在寻针的过程中，"经济人"试图找到最锋利的针，即寻求最优状态；而"管理人"则找到足够缝衣服的针就满足了，即寻求满意状态。"有限理性"这一假设的提出，有效地纠正了传统理性选择理论与现实生活之间的偏差，为解决现实问题提供了更加符合实际的研究方法。

（二）信息不完全、不对称

类似于"完全理性"，完全信息、信息对称也是传统经济学理论的研究基础。所谓"完全信息"，是指市场参与者拥有对经济环境状态的全部知识和信息；"信息对称"，是指交易双方都掌握对方所了解的信息。传统经济学理论认为，只有在完全信息和信息对称的条件下，"经济人"才能做出最优选择，达成公平交易，实现一个有效率的完全竞争市场。

但在现实生活中，没有人能够做到掌握经济环境状态的全部知识和信息，因此完全信息状态是不存在的。与此同时，不同人群对信息的实际掌握情况是存在差异的，部分成员掌握着其他成员无法拥有的信息，这就形成了信息的不对称。

多种因素造成了现实世界信息的不完全、不对称：

一方面，信息在传播过程中存在损耗。一是信息在传播过程中因为被扭曲、失真导致其失去原有的意义；二是信息传播的构成中因部分信息内容消失导致的耗损；三是信息内容随着时间推移逐渐老化，导致信息的价值不断弱化甚至失去价值。由于信息损耗的存在，处在不同传播环节的个体得到的信息内容将存在差异。

另一方面，获取信息需要付出成本。在完全信息的市场状态下，人们获取信息不需要成本，能轻易地掌握所处环境的全部信息。但在现实经济活动中，获取信息并非如呼吸空气一样简单，而是需要通过一定的途径来搜集、整理。尤其在当前信息爆炸的时代，依靠口口相传、看书看报这种简单的方式已经难以应对复杂大量的信息，为搜索信息购置电脑、为获取数据购买会员……这些都是我们为了得到信息必须付出的代价。因此，能够承担信息获取成本的人将比其他人拥有更多信息，信息不对称也就必然存在。

与此同时，分析信息的知识结构和能力水平存在差异。在现实世界，信息随处可见，但一些信息的价值需要经过人的分析和挖掘才能够展现出来。然而，知识结构和使用工具的能力存在差异，导致不同的人群分析获取的信息也存在差异。例如，一名经济学家看到一组经济数据，就能够分析出经济运行背后存在的结构性问题，而农民对此很可能无感；但相比经济学家，农民却能很轻易地从一株生病植物的外表看出其生病的原因，这是经济学家很难做到的。再如，当前成果颇多的大数据分析产业，若没有专业的计算机分析工具进行辅助，仅靠人力根本无法实现信息的深度挖掘。

为了研究不完全、非对称信息情况下的市场决策，1982 年诺贝尔经济学奖得主乔治·约瑟夫·斯蒂格勒（George Joseph Stigler）等创立了信息经济学。斯蒂格勒认为，获取信息的成本导致经济个体既不能、也不想得到充分的信息，而不完备信息会导致资源的不合理配置。经济学家发现，信息不对称将导致两大问题：

首先是"逆向选择"（Adverse Selection），即因交易前双方信息不对称所产生的"劣质品驱逐优质品"现象，与信息对称前提下的传统竞争市场"优胜劣汰"结论相反。这一现象由 2001 年诺贝尔经济学奖得主乔治·亚瑟·阿克洛夫（George Arthur Akerlof）在《柠檬市场：质量不确定性和市场机制》一文中提出。他举例称，"在旧车市场，卖者知道车的真实质量，而买者不知道。卖者会以次充好，买者则会以车的平均质量给出平均估价。这样一来，高于平均价的上等旧车将退出市场，买者会继续降低估价，到最后，市场成了破烂车的展览馆，甚至连一辆车都不能成交"。

其次是"道德风险"（Moral Hazard），即信息不对称条件下交易的一方难以观察（监督）另一方的行动，面临因其行为变化导致利益受损的风险。经济学家在研究保险市场时发现，参保人在投保之后可能会采取提高事故率的行动。如在车险市场，由于汽车损毁、被盗等风险转嫁至保险公司身上，存在参保人在投保后放松安全防范、激进驾驶等行为，进而导致保险公司赔付率上升。在上述例子里，这种因不完全承担损毁、被盗风险而对汽车安全防范采取不作为的行为，就是道德风险。

在信息不对称的环境下，掌握信息少的一方将在博弈中处于弱势地位，逆向选择和道德风险也随时可能发生。因此，深入研究信息在市场的传递机制，提高信息的掌控能力，才能够在危机的防范、应对和处置中占领先机。

（三）有效市场假说

2013 年诺贝尔奖获得者尤金·法玛（Eugene F. Fama）在其论文《证券市场价格行为》中提及"有效市场"的概念，并在后续研究中不断深化，并提出"有效市场假说"（Efficient Markets Hypothesis，EMH）。他认为，有效市场是指在"完全理性"和"完全信息"的前提下，投资者能够迅速对市场信息做出合理反应，使证券价格能够充分、及时、准确地反映信息的影响，在不同均衡水平之间波动。在有效市场里，投资者对证券收益的分析预测是无效的，没有人能够持续获利。

根据市场反应信息的种类，芝加哥大学教授哈里·罗伯茨（Harry Roberts）将有效市场分为三类，并由法玛总结完善：一是弱式（Weak－Form）有效市场，即证券市场价格完全反映了以往的历史交易信息。在这种市场环境下，通过分析历史数据来预测证券价格的未来变化是无效的。二是半强式（Semi－Strong－Form）有效市场，即证券市场价格完全反映了所有公开信息，包括以往的历史交易信息、上市公司的财报、新闻媒体报道的相关消息等。在这种市场环境下，分析公开信息也无法预测证券价格的走势。三是强式（Strong－Form）有效市场，即证券市场价格能够完全反映所有信息，既包括公开信息，也包括内幕消息。因此在强式有效市场，任何方法都无法使得投资者获得非正常收益。

然而，正如前文所述，在现实世界的证券市场中，"完全理性"和"完全信息"的状态是不存在的。因此，法玛所提出的"有效市场"也是不存在的，实际的证券市场是不能充分、及时地反映所有信息的。对于投资机构来说，量化分析等技术手段是其进行投资决策的重要参考；依靠内幕消息买卖股票牟利的情况也在市场屡见不鲜。可以说，要想提高证券市场的有效性，就必须要解决证券价格形成过程中在信息披露、信息传输、信息解读以及信息反馈各个环节所出现的问题。如对上市公司实行强制性的信息披露制度，就是当前构建有效资本市场的重要制度基础。

（四）行为金融学

"有限理性"的投资者往往在信息不完全、不对称的环境下，常常会做出一些不符合经济学常理的决策，甚至导致资本市场有悖常理的表现。种种有悖于有效市场的实证表现引发经济学家对有效市场假说的质疑。为了研究相关问题，融合了心理学、社会学和其他认知科学的行为金融学应运而生。

事实上，早在20世纪30年代，凯恩斯就提出了投资的"选美"理论，指出在金融投资时，要和选美比赛押注一样，不要购买自己认为能够赚钱的金融品种（押注自己认为能够赢的选手），而是要买大家普遍认为能够赚钱的品种（押注观众认为能够赢的选手），哪怕那个品种根本不值钱。这一理论将投资行为建立在对大众心理预期的猜测上。

1974年，美国心理学家丹尼尔·卡尼曼（Daniel Kahneman）和阿莫斯·特沃斯基（Amos Tversky）发表论文《不确定性下的判断：启发法和偏见》，提出人在不确定的情况下进行判断依赖一些启发式原则。这些原则能够简化判断的过程，但有时也会导致严重的系统性错误。文中列举了三种典型的启发式：

一是代表性：人们通常在需要判断物体A是否属于类别B，或事件A是否属于过程B时，会典型地依赖代表性启发式。即通过比较B与A的相似程度来对概率进行评估。如人们看到染头发、有文身的学生都认为他是坏学生，成绩好不了；看到又高又瘦的职业运动员，会觉得他很可能是打篮球而不是踢足球的。

二是可得性：即人们通过能想到例子或事件的容易程度来评估事件的概率。如论文中提及的一项试验显示，受试者听到一串知名人士的名字，男女均有，需要判断这串名字中男性是否比女性多。不同组听到的名字不同，有的名单男性更有名，有的女性更有名。结果受试者都错误地判断了数量更多的性别，他们的判断显示更有名的性别，其数目也越大。就像在日常生活中，人们都认为明星比医生、教授更容易出轨，这一印象并非来自客观全面的统计，而是因为媒体对明星出轨的报道更多而已。

三是通过锚定进行调整：即人们在评估某一未知量之前，会事先锚定一个数值，然后围绕这一数值进行调整。如买房的时候，购房者通常会根据地段、小区环境有一个平均价格，然后根据具体房屋的情况围绕这一心理价位进行调整。值得注意的是，人们围绕锚定值进行的调整往往不充分，对于同一个问题，不同的锚定起始点会产生不同的估值，且结果往往会偏向初始值。如论文中一项为环保捐款的试验表明，当不设置锚定问题时，受试者愿意平均为环保捐出 64 美元；当锚定金额为 5 美元时（在询问捐款意愿之前先问了一个锚定问题："是否愿意花费 5 美元来保护环境"），平均捐款为 20 美元；但锚定金额为 400 美元时，平均捐款高达 143 美元。

可以看出，通过启发式进行判断虽然能够比乱猜一通更为精确，但即使其具备一定的准确性，也还是有可能导致人们忽视其他基础信息，违背统计学逻辑，进而找错预测方向。很多时候，人们对启发式的依赖是下意识的，因此启发式导致的决策偏差是系统性的和难以避免的。1979 年，卡尼曼和特沃斯基在《前景理论：风险下的决策分析》一文中提出了人类风险决策的前景理论，成为了行为金融学的代表学说。前景理论认为，人在决策时会在心里预设一个预期（参考点），根据结果与参考点的差距采取不同的风险态度和决策选择。相比传统决策理论以结果本身的期望效用作为决策依据，描述人们应该怎样做，前景理论则描述了人们实际上是怎样做的。

通过运用行为金融理论，一些传统经济理论难以理解的金融行为得到了很好的解释。截至目前，经济学在金融投资研究过程中发现的多种投资者行为特征已获得公认。如，过度自信指人们常常过度相信自己的判断，高估成功的概率。过度自信使投资者笃定自己的判断，在金融市场频繁买卖交易。美国加州大学戴维斯分校教授布拉德·巴伯（Brad Barber）和伯克利分校教授特伦斯·奥丁（Terrance Odean）对 1991 ~ 1996 年 7.8 万名投资者的研究显示，年交易量越高的投资者的实际投资收益越低。再如，规避损失（又称风险厌恶）指面对同样数额的收益和损失时，损失带给投资者的痛苦大于收益带来的快乐，就如丢失 50 元带来的主观感受比捡到 50 元更强烈。行为经济学试验还显示，很多人宁愿选择肯定获得 300 元，而不是以 80% 的概率获得 400 元。尽管从期望效用的角度出发，后者的预期值（0.8×400＝320 元）大过前者（300 元），但对 20% 可能毫无所获这一风险的厌恶导致投资者不能做出获利最大的选择。还有金融市场上著名的"羊群效应"，即投资者存在跟风的从众心理。这种从众心理很容易导致盲从，甚至引发抛售、挤兑等风险行为，冲击市场稳定性。

（五）声誉约束机制

20 世纪 70 年代，法玛将声誉这一概念引入经济学领域。他认为，即使没有企业内部激励，经理们出于对今后职业前途以及外部市场压力（即声誉）的考虑，也会努力工作。这意味着，在信息不对称的条件下，声誉可以在正式合同之外对交易者行为产生约束。

针对不同主体，可将声誉分为集体声誉和个体声誉两大类。其中，集体声誉的主体为集体，在金融学研究中一般多指企业声誉。曾担任美国声誉研究院负责人的查尔斯·丰布兰（Charles Fombrun）提出，企业声誉是"在与其他竞争对手竞争时，一个企业的过去行为和将来前景对其所有利益相关者的综合吸引力"。他认为，企业声誉能够影响利益相关者和社会公众对企业的态度和行为，进而可以影响企业自身的行为。在现实的金融市场上，确实也常常出现上市公司的股票因为商誉爆雷、负面消息缠身等原因遭遇抛售，进而导致股价大幅下跌甚至牵连整个板块剧烈波动。在丰布兰和马克·尚利（Mark Shanley）的声誉形成模型中（见图 1－1），企业的历史及当期行动都将影响当期声誉，进而影响企业未来的行动。因此，企业声誉能够成为约束企业行为的一个有效手段。对于金融管理部门来说，积极构建声誉约束机制也是完善监管措施的发力方向。

相应地，个体声誉的主体是个人。前文法玛提及的企业经理就是典型的个体声誉例子。从信息不对称和博弈的角度出发，戴维·M. 克雷普斯（David

M. Kreps）、保罗·米尔格罗姆（Paul Milgrom，2020 年诺贝尔经济学奖获得者）、约翰·罗伯茨（John Roberts）和罗伯特·威尔逊（Robert Wilson，2020年诺贝尔经济学奖获得者）四位经济学家提出著名的 KMRW 声誉模型，研究重复博弈过程中个体之间合作行为的可信性。他们认为，在重复交易（博弈）的过程中，若一方选择不合作损害了另一方的利益，那么将损坏自己的声誉，并导致另一方"以牙还牙"（也不合作）。因此，为了追求长期合作利益，交易各方都会约束自己的行为，维护交易伙伴对自己的看法。

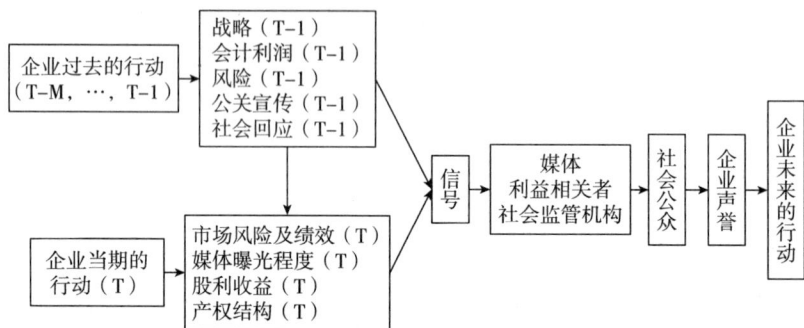

图 1-1　企业声誉形成模型

资料来源：李延喜，吴笛，肖峰雷，姚宏. 声誉理论研究述评［J］. 管理评论，2010（10）：3-11.

通常，对个体声誉的研究主要应用在企业家激励等方面。但越来越多的实证显示，个体声誉和集体声誉之间存在相互影响的关系，尤其是企业管理层的个人声誉（有时甚至和企业运营毫不相关）常常影响公司的运营、股价等。因此，强化舆情引导，削弱声誉变化对上市公司乃至整个金融市场的负面影响是一个值得深入研究的课题。

第二章

金融网络舆情特征与挑战

2020 年 9 月 29 日，据中国互联网络信息中心（CNNIC）发布的第 46 次《中国互联网络发展状况统计报告》显示，截至 2020 年 6 月，我国网民规模已经达到 9.40 亿，相当于全球网民的 1/5。

我国基数庞大的网民已经习惯了网络世界的生活方式：通过即时通信交流信息、通过搜索引擎寻找信息、通过网络新闻浏览信息以及通过论坛表达信息，网络世界的生活方式伴随着网民观点的表达、态度的宣泄形成了网络舆论。

根据中共中央宣传部舆情信息局所出版的《网络舆情信息工作理论和实务》，网络舆情分为政治、经济、文化、社会网络舆情，和经济相关的网络舆情就是经济网络舆情，和文化相关的网络舆情就是文化网络舆情。金融网络舆情将网络舆情的类别限定在金融领域，可以理解为网上有关金融的舆情。

一、金融网络舆情的基本特征

金融网络舆情是网络舆情的有机组成部分，具有网络舆情的一般特征，同时，金融网络舆情与经济金融理论与实践密不可分，因此，也呈现出与经济金融发展运行规律密切相关的特征。具体来讲，金融网络舆情呈现出传播速度快、影响范围广，失控破坏力强，主体预期多元化，专业化程度较高等特点。

（一）传播速度快，影响范围广

舆情与信息不可分割，在互联网时代来临之前，金融信息的发布与传递是基于权威机构的公开发布和人们的口耳相传，传播速度受限于新闻媒体的发布时间与文件传递速度。进入互联网时代，信息发布与社交互动的渠道由官方媒体权威发布让渡给自媒体，信息传播的泛化使得人人都有话语权，对金融信息的发布和解读不再是权威机构与媒体的专利。网络发布的特点是穿越了时空限制，所见即所得，信息获知的平台由线下穿越到线上，由纸媒的流通转为"屏幕一点，世界展开"。

1. 传播速度快

网络舆情很大程度上是群体对特定社会现象、社会事件、社会问题的反应，包括了群体的情感、态度以及建议。互联网技术的普及和发展革新了舆情传播速度，网络舆情迅速扩展的时代到来。网络无处不在，触手可及，舆情会以更快的速度生成、发展、扩大影响。

随着互联网的广泛应用和移动互联网时代的来临，从根本上改变了信息传播的途径和形式，舆情传播的链条大大缩短，每个网民都可能是舆情的生产者、传播者和决定者。信息传播的时效性，从"事件发生后报道"提速到"事件发生中报道"。纸质媒体在人们的生活中所占比重不断减小，取而代之的是拥有便捷高效迅速广泛等优势的互联网媒体。

相较于传统媒体，网络媒体的传播速度呈指数级增长。

一是传播的链条缩短。纸媒时代，一条信息的发布需要经过"采访—编辑—审核—印刷—发行"的过程，人们才能看到一篇消息、一份报道，短则一两天，长则三四天。现在网络技术赋能信息传播，信息传播载体变为网络媒体、自媒体及各种互联网应用，每个网民都可以凭借手中的智能手机和电脑，编辑信息并直接传递给大众，这使得网络舆情的传播速度远远超过传统媒体时代的舆情传播速度。另外，由于地域的隔离，以前想要获得信息或者新闻，不在同一地区的人们可能要过一两天才知道，但是现在只要有手机可以上网，人们马上就可以搜索相关新闻，接收有关事件最新进展。

二是信息传播媒介的便捷性加快了舆情传播速度。纸媒时代，信息传播的媒介集中在报纸、广播、电视等传统媒体上，然而以互联网和移动终端为代表的新媒体迅速崛起，对传统媒体的主导地位形成了挑战。移动互联网技术使信息传播更加便捷，通过屏幕上的评论、转发、点赞功能，信息即可完成在社交网络中的一次传递：以使用者转发为节点、向朋友圈集体传送信息的过程。便捷性让舆情在分秒之间即可完成传播。

2. 影响范围广

在互联网时代，金融舆情不仅是相关机构发布的有关金融行业的新闻和信息，还包括每个网络舆情主体发布的与金融行业相关的信息。金融网络舆情热点事件往往引发成百上千甚至过亿的网民关注，推动网络舆情的迅速发酵、扩散与传播。金融网络舆情影响范围广的特征体现在以下几个方面：

一是传播主体扩大。传统媒体的新闻报道往往需要记者赶到现场进行采访后才能传播，现在是"人人都有麦克风"的互联网时代，新的传播方式使得每个人都成为信息的发布者，个性化表达自己的观点，传播自己关注的信息。在金融网络舆情传播中，主体已经扩大到每一个使用互联网的网民，触及网络生活的方方面面，主体的扩大必然带来影响范围的大幅扩展。

二是社交媒体推动传播范围扩大。在"前互联网阶段"，信息传播的一个重要方式是群众之间的口口相传，但是由于单位时间内受众有限、事件单一和空间地域的限制，舆情事件不容易扩大传播。但在互联网时代，单就网民个体而言，关注、回帖、转发等方式与"口口相传"的底层逻辑并无差别，但这却在社交网络中突破了时间、事件、空间的束缚，网民共同关注、参与、传播，信息传播的速度就会呈现爆发式增长，并以最快的速度进行扩大传播。舆情一旦在网络上传播起来，其一个个微小的点快速聚集，连续不间断传播，短时间内形成信息链、时间链和发展链，与事件本身发展几乎同步。

三是打破了时空和地域限制。互联网具有不受空间限制的特点，其覆盖范围可以到达世界的任何一个角落，这种覆盖范围是传统媒体无法达到的。网络舆情一旦开始发酵，无论是在什么地方、什么时间段，只要能够上网，就可以浏览到信息，传播范围很广。目前一些大的门户网站基本上都可以实现声音和视频音频的实时传播，时空的距离被缩小，信息可以在全球实时传播。

（二）失控破坏力强

在互联网发展日新月异的背景下，网络舆情不仅传播速度加快，传播范围扩大，而且产生的影响也更深远。一旦失控，网络舆情会迅速发酵，形成巨大破坏力。金融网络舆情事关国家经济安全、金融安全，是防范化解金融风险的重要一环，更与人民群众的财产息息相关，预防难度大，一旦失控，产生的破坏力将提升线上线下的风险指数，破坏力较强。

1. 线上线下交织提升金融网络舆情风险指数

金融与风险相伴而生。随着我国金融业发展壮大，风险种类增多，复杂性增强，风险后果也更加严重，如金融市场风险、金融产品风险、金融机构风险等。局部的金融风险如果不能在短时间内得到控制，在网络舆情的推波助澜之下，则有可能扩展到其他金融领域，对整个金融体系的运行构成威胁。一旦发生系统性金融风险，金融体系运转失灵，可能导致全社会经济秩序的混乱。

金融网络舆情风险的传导机制，一种是线下发生、网络舆情传播扩大影响，另一种是线上发生、波及线下金融实体。从金融网络舆情出发，两种传导机制都会加剧金融风险本身带来的危害，增加破坏力。

线下发生、网络舆情传播扩大影响。金融事件叠加金融网络舆情，会对金融风险进行"二次引爆"，加剧金融风险的传播速度。借助网络平台传播，一个很小的事件结合人们的负面情绪，都会引起网民强烈反应，使舆情呈现出突发性、高发性和并发联动的特点。

线上发生、波及线下金融实体。随着互联网的发展，尤其是移动互联网出现，金融行为发生的媒介由实体的金融机构越来越多地转变为网络 APP 或移动应用，移动支付、电子钱包、网上借贷都可以通过移动终端完成。大量网民通过互联网交流有关金融的相关信息，由于有共同的利益关联、兴趣爱好，故形成了以金融为主题的网民群体。在互联网上，很多拥有专业金融知识的网民分享金融知识、对金融政策进行解读、分析经济运行趋势，甚至可能影响其他网民投资理财的决策。

金融网络舆情处理不当，可能催生金融风险，而且在传统金融风险基础上叠加了互联网隐蔽性、集聚性、易发性和传染性等特点。金融网络舆情的破坏力不仅体现为可能导致相关投资者群体的经济利益受损，而且可能引发金融市场震荡，甚至是系统性金融风险。

2. 预防难度大

金融网络舆情往往呈现多点联动的特点。金融网络舆情总是多个地点、多个主体、多个事件的同时发生。金融网络的系统性风险往往由点及面，造成上下游产业的联动反应。金融风险出现初期，不同地区会出现影响程度和范围大小的不同，但金融机构之间的相互波动关联使金融风险呈现"以点带面"的扩散特点，导致预防与处理难度增大。另外，由于网络技术的发展，金融事件的发生借助互联网技术增强了隐蔽性，难以溯源和归因，导致金融网络舆情的防范预防难度加大。

（三）主体预期多元化

金融活动的主体主要是从事各种经济活动的企业、单位、个人和政府部门等。在现代经济社会中，各类经济活动主体都会深度参与到各种金融活动之中。金融市场不同的主体对金融结果的预期不同，金融主体多元化趋势导致不同利益诉求主体从自身角度出发从事金融活动，预期和目标的不同导致金融网络舆情的管理和引导难度加大。

行为金融学认为市场并非完全有效，投资者是相对理性，投资行为受主观意志影响明显。体现在不同的金融市场活动主体上，由于预期不同、对市场未来走势的判断不同，各个金融市场主体采取的策略也会不同。

以金融市场运行稳定为目标的金融管理部门。2018 年 3 月 13 日，根据国务院发布的机构改革方案，银监会和保监会合并，组建中国银行保险监督管理委员会，为国务院直属事业单位。至此，"一行三会"成为历史，"一委一行两会"形成新的监管格局。"一委一行两会"的金融监管框架包括国务院金融稳定发展委员会、中国人民银行、中国银行保险监督管理委员会、中国证券监督管理委员会，职责包括按照规定监督管理金融市场；发布有关金融监督管理和业务的命令和规章；监督管理金融机构的合法合规运作等。金融管理部门的目标是维护市场经济秩序平稳有序运行，通过政策制定与信息发布使市场参与主体开展经济活动时有法可依，通过公布经济运行数据，方便金融机构明确经济运行状况，通过公开回应民众关心的话题进行沟通，维护民众经济利益。金融监管体系的改革和重塑，有力地强化了金融监管协调，提高了统筹防范风险能力，有利于加强市场预期管理和引导，防范化解金融风险，促进经济金融持续健康发展。"

以利润最大化为目标的各类金融企业或机构。金融企业追求利润最大化的性质决定了其对待金融网络舆情的态度：一方面，希望通过舆论为自身盈利创造条件。例如，部分金融企业通过分析网络舆情与投资者心理预期、投资行为以及市场走势的关系，以谋求利润最大化。另一方面，金融企业利用舆情强化正面形象宣传，利用网络新媒体主动、适时、巧妙地宣传企业形象，包括取得的重要业绩、喜人变化、创新性的工作举措、新推出的产品和服务、与公众有关的活动等，主动解答群众关心的热点和难点问题，保障公众的知情权、接受公众的监督。

以稳健理财为目标的家庭及个人。伴随互联网科技蓬勃发展，居民对资金的利用方式与渠道也越来越多样化。但家庭及个人投资的目标以稳健为主，从舆情角度出发，平稳的市场运行状态是保证理财投资稳健的关键因素。行为金融学认为信息传播范围、投资者心理活动、投资者所处社会环境等会对金融产品价格产生影响，并认为投资者行为中的"羊群效应""名誉效应"等显著地印证了市场情绪对金融产品价格会造成影响。从另一个角度来说，一旦出现与自身投资利益直接相关的金融网络舆情，家庭及个人的参与度会直接体现为金融网络舆情的迅速发酵。

目前，世界各主要经济体都将预期管理摆在重要位置，高度重视市场预期管理和引导工作。对于我国而言，经济结构性调整、经济形势复杂多变等多重因素都给金融政策预期管理带来了挑战，特别是在互联网行业迅速发展、网络舆情重要性日益提高的背景下，金融政策预期管理也面临新的课题。例如，在金融网络舆情的传播环境中，加上金融市场主体预期多元化因素的影响，各方观点不一，可能存在削弱金融政策意图传递的情况，同时，准确理解金融政策需要一定的专业知识和金融素养，而部分网民可能缺乏正确理解、科学判断的专业素养，这进一步增添了涉及相关金融政策的网络杂音，延长了政策传递时滞，影响政策实施的效果和政策目标的实现。

（四）专业化程度较高

金融网络舆情涉及的领域往往具有较强的专业化性。一方面，金融网络舆情涉及金融专业知识，分析经济运行规律、宏观经济政策、经济运行指标，基于金融市场和金融现象，开展金融网络舆情的监测分析、应对处置、宣传引导等工作，需要掌握经济和金融专业理论知识。另一方面，互联网和计算机技术的快速发展，对人们的生产生活和经济金融行业发展产生了日益重大的影响。做好金融网络舆情相关工作，需要掌握互联网行业新技术新业态的发展情况，从而准确把握金融网络舆情应对工作的重点和难点问题。

随着新技术的不断研发投入使用，配合使用的应用场景越来越丰富。以区块链技术为基础的加密货币为例，中国信通院发布的 2019 年度《区块链白皮书》显示，区块链是一种由多方共同维护，使用密码学保证传输和访问安全，能够实现数据一致存储、难以篡改、防止抵赖的记账技术，也称为分布式账本技术。典型的区块链以块—链结构存储数据。作为一种在不可信的竞争环境中低成本建立信任的新型计算范式和协作模式，区块链凭借其独有的信任建立机制，正在改变诸多行业的应用场景和运行规则，是未来发展数字经济、构建新型信任体系的新兴技术之一。当前全球区块链企业 38% 集中在加密货币领域，23% 的企业专注于区块链技术研发，互联网、金融业是应用最多的两个领域。

区块链可有效解决制造业数据共享、设备管理、多方信任协作、安全保障等问题。在金融领域，通过使用区块链技术，可以改变传统的金融信息采集来源、风险定价模型和投资决策过程。除了数字货币、支付处理和财务转账，区块链在金融业还有许多应用模式。例如，其安全、信任度高等特点可以帮助金融机构防范风险、降低成本、提高效率等。

2019年6月，美国脸书公司宣布将发行基于区块链的加密数字货币Libra，Libra作为升级版的数字货币，具有跨境支付、超/跨主权货币、新金融生态的功能和潜质。以脸书坐拥27亿用户的庞大体量计算，Libra将影响全球超过30%的人口，无异于真正实现一种货币的全球流通。

与Libra不同的是，我国央行推出的数字货币具有国家信用背书，并且有法偿性，币值更加稳定。中国人民银行数字货币的本质是由中国人民银行发行的法定货币，是中央银行的负债，由中央银行进行信用担保，具有无限法偿性，是现有货币体系的有效补充。在使用场景上，中国人民银行所发行的数字货币可用于小额、零售、高频的业务场景，与纸币没有任何区别。

2020年10月，央行数字货币落地深圳，深圳市政府联合中国人民银行开展数字货币红包试点，通过抽签预约，中签者下载专用APP后领取红包，可在罗湖区3000多家经改造的商户无门槛消费。我国在数字货币方面不断推进布局，2020年4月，央行数字货币研究所称数字人民币现行在深圳、苏州、雄安、成都及未来的东奥场景内部封闭试点测试。2020年8月，商务部发布的《全面深化服务贸易创新发展试点总体方案》指出，试点城市将扩大至20多个。2020年11月23日，苏州宣布将于"双12"推出数字人民币红包测试，比深圳增加了"离线"和"碰一碰"功能，进一步完善数字人民币试点测试功能。

在现代社会中，金融行业与宏观经济运行、人民群众生活等息息相关，金融行业的参与者除了金融管理部门、金融机构、金融从业人员之外，更多的是普通投资者，同时，普通网民也是金融网络舆情的重要参与主体。在这样的情况下，由于了解和掌握金融和互联网等相关知识存在一定门槛，专业性也在一定程度上影响着金融网络舆情的传播和演变。例如，在金融监管政策实施过程中，如果社会公众对政策初衷、演变历程、实现路径、预期效果都有充分了解和领会，就更容易形成有利于政策推行的舆论环境。但如果部分公众不能准确把握和理解金融政策的历程、背景和目标，就容易产生误解和杂音，甚至形成负面炒作。

二、做好金融网络舆情应对面临的挑战

加强金融网络舆情应对能力，是防范化解系统性金融风险的应有之义。当前中国国内金融风险趋于收敛、整体可控，但受内外部各方面因素影响，仍然面临一些不确定性、不稳定性。金融网络舆情聚焦金融领域，影响国家政治安全、经济安全、社会稳定等各个方面，不仅涉及国家经济运行、金融机构稳定，而且事关社会公众的切身利益。金融网络舆情涉及面之广、牵扯利益之多、维护金融稳定之重要，都要求我们做好金融网络舆情的应对工作。

随着云计算、大数据、人工智能、区块链等新兴技术在金融领域的推广及应用成为常态，金融科技正在重塑金融行业生态。我们现在处于数字化转型的过程中，很难以终局视角来看待金融网络舆情的发展过程、预测金融网络舆情的未来，所以特别需要研判金融网络舆情应对过程中面临的难题，未雨绸缪，提前准备。

（一）苗头信息难以发现

进入信息社会，数字化和网络化成为基本社会交往方式。社会的方方面面都以数字化形式在网络上镜像复制，信息交流、人际网络、社交需求、知识获得的场景也已经从真实世界转移到虚拟世界，网络成为舆情的集散地。

作为金融网络舆情事件的重要一环，发现苗头信息具有重要意义：发现苗头信息并及时阻断信息传播的链条，可以最大程度减小金融网络舆情事件的影响，防止转变为大规模网络舆情事件造成不良影响。但在现实中，由于触发机制、传播规律、扩散范围等方面的不确定因素，苗头信息往往难以被及时发现。

任何事态的发展演变都有一个渐进过程，小苗头不及时有效处理就会变成"大风险"。对于网络舆情方面的苗头信息和情况，如果能及时发现并进行有

效处置，就可能顺利平息网络舆情，不至于引发大的危机。但苗头信息往往难以界定和发现，具体表现在：

一方面，苗头信息难以快速、准确界定。信息在传播的初始阶段有不确定性，金融政策规定的出台是为经济活动提供政策指引，为金融市场确定规范。但有一种情况是政策在解读过程中的负面声音被放大而模糊了焦点，消解了政策的严肃性和引导性。金融舆情在网民的参与下，延伸了话题触及的范围，传播中的二次解读容易影响话题的走向，正面舆情和负面舆情之间的界限被模糊，为苗头信息的判断增加了难度。另外，当某些金融话题关联热点事件在舆论场进行讨论，苗头信息就不再是单一事件或单一话题，舆情影响扩大化不可避免。

另一方面，难以从金融网络舆情中发掘出有价值的苗头信息。互联网海纳百川的信息存储功能、独特的链接方式，以及信息传播的即时性与便利化，极大地改变着人们的阅读习惯与信息存储技术。海量信息使人类社会步入大数据时代，每天仅在互联网上产生的数据已是天文数字，网络上涉及金融舆情的信息也是无法测算的。仅凭人工识别，根本无法监测所有的金融网络舆情数据，更遑论发现并处置涉及金融网络舆情的苗头信息。

发现苗头信息是妥善处理金融网络舆情的前提条件。及早发现苗头信息，尽早对可能产生的风险走向、规模进行判断，有关部门就能够有充足的时间做好应对危机的准备工作，为应对舆情事件赢得宝贵的时间。

（二）应对处置较为复杂

金融网络舆情具有传播速度快、影响范围广、预防难度大的特征，很容易在多点产生"裂变式"连锁反应，在短期内呈现燎原之势，这给金融网络舆情应对处置带来很大难度。金融网络舆情应对处置工作较为复杂，通常面临多个部门协调有序配合、制定成熟周密的处置预案等挑战。

一方面，金融和互联网行业迅速发展，给相关部门协同配合应对处置金融网络舆情带来挑战。金融系统运行具有整体性，每一根链条都环环相扣，牵一发而动全身。发生金融事件，引发金融网络舆情，往往会触发供应链、资金链、利益群体保护、法律法规完善等全局性系统性问题。金融网络舆情发生时，同一事件在同一时间牵涉不同关键人物、在多地持续地产生舆论影响，分散的信息资源为追本溯源带来障碍。无论是网络舆情处理，还是线下的调查取证，都面临着复杂的工作。另外，网络隐匿性特征使发生在互联网上的舆情制造者不容易被定位，舆情传播路径呈现"散点开花"，这决定了在应对舆情时，不能通过简单的行政命令和信息发布来平息，处置过程较为复杂。

一般来说，金融市场出现波动、金融产品违约、投资者利益受损后，会在短时间内引发社会各界高度关注，消息在互联网上不断发酵，形成金融网络舆情事件，引发市场连锁反应，担忧风险扩散蔓延的声音增多。从金融网络舆情应对角度出发，应对过程复杂，其中涉及信息发布、网络信息的发现与监测、网络舆情的发酵、相关舆情应对等处理链条，应对处置工作涉及多个部门，给各部门在短时间内迅速联合协同处理带来挑战。

一直以来，我国都在根据金融行业发展的客观情况和现实需要，合理设置并不断调整金融管理部门，这也充分体现在我国金融管理部门的发展历程中。在我国的金融体制改革历史上，先后设立了中国人民银行、证监会、保监会、银监会等金融管理部门，"一行三会"分业监管体制得到发展和完善。为有效防范系统性金融风险，进一步加强金融监管协调，2017年召开的第五次全国金融工作会议提出成立"国务院金融稳定发展委员会"，作为维护国家金融安全的常设执行机构，统筹协调金融监管工作。2018年，根据《第十三届全国人民代表大会第一次会议关于国务院机构改革方案的决定》，银监会和保监会合并为银保监会，"一委一行两会"的新格局就此形成。按照国务院机构改革方案的要求，将银监会与保监会进行合并，这是统筹协调银行和保险领域监管的最有效和最直接的方法，也在一定程度上适应金融业发展的必然趋势。

另一方面，迅速、科学应对处置金融网络舆情，对预案制定和执行提出了更高要求。金融运行以信用与预期为基础，受社会信用与预期舆情的影响，小到声誉损害、资金风险管控，大到全球金融危机、国家宏观经济政策，无不受到舆情传播的影响。当下网络传播的舆论场，加剧了金融舆情的传播速度和影响范围，一些夹杂误读曲解的负面舆情常使金融机构陷入被动，对金融网络舆情的应对提出了新要求。

当前网络舆论在社会中占据着越来越显著的地位，网络舆论危机的传播方式和特点与传统舆论危机有着巨大差异，如果对网络舆论危机的特点、规律传播机理和应对手段缺乏深入研究，没有建立起一套相关的预案机制，则无法进行科学有效引导，不能及时化解负面舆论。

应对金融网络舆情需要有成熟、完善的工作预案，不断完善各种应急预警机制，积极拓宽信息渠道，当某种典型倾向刚露端倪时，网络舆论应对就应率先介入，全面分析金融网络舆情，洞察分析苗头的本质，从而稳妥应对处置金融网络舆情。

针对各种类型的金融网络舆情事件，应制定比较详尽的判断标准和应对方案，以做到未雨绸缪，一旦危机出现，便有章可循、对症下药。网络舆论的传播特点使得预警机制无法彻底防患于未然，制定危机处置预案必须要充分研究可能出现的各种复杂情况，面对突发的金融网络舆情事件危机坚持主动作为。在收集整理网络舆论信息的基础上，对舆情发展趋势和风险进行必要的评估。同时，制定应对处置预案不等于一劳永逸。即使有了较为成熟、周密的应对处置预案，仍然需要定期开展演练，以提高相关部门和人员应对金融网络舆情的熟练程度和研判水平。此外，还需要根据金融和互联网行业的新发展新情况新问题，不断修订完善应对处置预案，以使预案能够适应不断发展变化的金融网络舆情应对处置工作实践。

（三）宣传措施效果虚化

伴随着互联网的普及、新媒体的迅速发展，网络舆情正在迅速而深刻地影响着经济金融行业发展和社会公众的日常生活，这也给金融网络舆情应对工作带来了更大挑战，对相关宣传解读工作的时效、形式、内容都提出了更高要求。

目前，网络舆情在各领域、各行业的重要影响已引起社会各方高度重视。面对网络舆情热点事件，如果不能准确理解和把握网络舆情传播发展的规律，开展宣传解读工作不及时、不恰当，就可能引发网民更高程度的关注和更大范围的讨论。面对金融网络舆情，如若不能及时关注和应对相关舆情动向，科学合理地进行宣传解读，则有可能错失最佳时机，使"小风险"变成"大危机"。

对于金融网络舆情，开展宣传解读工作的最佳时间窗口可能很短，在转瞬即逝的时机中，要及时迅速、切实有效地开展宣传工作，面临很大压力和挑战。

宣传解读面临不够及时的风险。互联网时代，随着网络和手机的普及，信息传播无所不及，瞬间可以传遍世界各地。迅速表态、准确表态，可以最大程度缩小事件讨论的空间，有效降低事件讨论热度。面对金融网络舆情，要及时回应，充分利用"黄金四小时"，坚持速报事实、慎报原因，以此占据主动，避免舆情过分发酵。金融网络舆情事件通常受到社会各个方面的高度关注，网络舆情中也容易滋生相关谣言和不实信息，干扰社会公众的情绪和心理，造成群众恐慌，如不及时开展宣传解读工作，就可能导致事态升级，带来一系列的连锁反应，如银行挤兑、股价异动、企业信用受损等。

宣传解读存在过于简单的可能。对于金融网络舆情，宣传解读应当主动发声，表明诚恳的态度。回应表态应在坚持实事求是的前提下，认真考虑措辞，简单明确，一次到位，避免前后矛盾、反复"打补丁"。在实践中，针对金融网络舆情事件的宣传形式比较单一，发布声明是最常见的方式。但一份声明的宣传力度和效果往往有限，不足以解释所有问题、回应舆论关切、消除公众疑虑。另外，声明作为一种被动的回复，往往不够生动、灵活，如果只是发表声明而不采取其他宣传解读方式，可能不足以让人信服，反而容易引发二次舆情危机。

宣传解读手段仍有不够丰富的情况。随着信息技术、社交媒体的迅速发展，其在社会生活中发挥日益重要的作用。高度的权威性与公信力，是主流媒体相比于其他媒体的最大优势，但社交媒体也正在成为网络舆论中不可忽视的力量。如果不同时充分发挥和运用主流媒体和新媒体的优势和作用，做到双管齐下，就可能影响宣传解读的效果。在应对金融网络舆情时，金融管理部门和金融机构的发声回复可以看作宣传解读工作的"规定动作"，想要切实有效地开展宣传工作，还需要打通主流媒体和新媒体之间的壁垒，融合官方媒体的权威性与新媒体的网络民意，破除传播主体与客体之间的界限。

（四）疏解引导行动滞后

在互联网时代，金融网络舆情引导既有机遇也有挑战，及时、有效地开展引导工作，是妥善应对金融网络舆情的重要抓手。

当前，引导金融网络舆情也面临一定的困难，例如，意见领袖的作用未被充分发挥，社会公众的金融素养有待提升，导致金融网络舆情引导面临制约和瓶颈。

在金融网络舆情热点事件出现后，会引发网民讨论，经过不断发展，逐渐引起意见领袖的关注。在舆情发展过程中，意见领袖可能影响事件本身的发展态势，直到舆情消退。意见领袖在人际关系网中扮演着特殊的角色，信息从媒介流向意见领袖，再从意见领袖传递给那些不太活跃的群体。在信息的传播过程中，呈现出"媒介—意见领袖—受众"的二级传播链，意见领袖起着"解码"的作用，在舆论中起着不可忽视的作用。

在互联网时代，许多高学历、专业化或者经验丰富的人才加入到信息的传播队伍中来，高素质人才深刻的见解吸引了大量受众的关注，分散了传统媒体的话语权。意见领袖在舆情信息发布与促进转发等方面具有较大的影响力，是舆情传播过程中不可忽视的因素和力量。

网络传播的新型生态决定了人人都可能成为传播的中心，成为意见领袖。在金融网络舆情中，意见领袖是在金融领域具有权威性和影响力的专家学者，他们往往有出色的表达能力，在网络中表现非常活跃。同时，基于社交网络形成的意见领袖往往与社区内其他意见领袖的互动非常多，从而形成一个开放的围绕话题或者事件的群体。金融领域的意见领袖在拥有流量入口的网络世界中，往往通过一篇文章、一个观点，就可以影响金融网络舆情的走势。

在实践中，意见领袖的发掘和培养需要时间，是日积月累的过程，无法一蹴而就，迅速见效。而网络舆情发展迅速，这就需要引导工作将功课做在平时，时刻做好应对的准备，这也令发掘和培养意见领袖工作的迫切性更加突出。

　　同时，提升社会公众的金融素养、开展投资者教育，也非短期即能见效的工作。

　　国内外金融市场的发展历史表明，开展投资者教育、提升社会公众的金融素养是一项重要工作。目前，越来越多的国家意识到提高本国民众金融素养、加强投资者教育的重要性。一方面，投资者教育是实现金融市场长期稳定发展的客观需要。引导投资者树立正确的投资理念和风险意识，从盲目投资转变为理性投资，正确认识金融市场的风险，有利于金融市场的持续健康发展。另一方面，投资者教育也是保护中小投资者权益的现实需要。中小投资者普遍缺乏金融专业知识，在信息获取方面处于先天弱势地位。因此，加强投资者教育，引导社会公众谨慎投资，防范投资风险，就是保护中小投资者的合法权益。此外，遏制金融领域网络谣言传播，铲除滋生谣言的土壤，也需要提高社会公众的金融素养。网络谣言作为一种特殊的网络舆论，在网络舆论热点事件中扮演着重要的角色，直接影响事态的发展和网民的心态。提升社会公众的金融素养，不仅能提高社会公众的金融知识水平，指导公众合理开展财务规划、进行理性投资，而且能够帮助公众辨别网络谣言或不实信息，提高公众识别和规避投资风险的能力，为金融网络舆情平稳发展创造良好的环境和条件。

　　无论是投资者教育的最终目标，还是投资者教育的对象群体，都决定了开展投资者教育、提升社会公众的金融素养是一项长期、持续、基础性的工作，只有经过长期不懈的努力，建立和完善投资者教育的长效机制，系统化、常态化开展相关工作，才能使社会公众的金融素养得到普遍提高，为金融网络舆情应对工作打下坚实的群众基础。因此，开展投资者教育、提升社会公众的金融素养，是做好金融网络舆情应对工作面临的一项长期性课题。

第三章

金融网络舆情案例解析

当前，互联网行业和金融行业迅速发展，并对人们的生产生活产生日益重要的影响。金融网络舆情越来越受到全社会的关注，特别是相关热点事件更是引起各方热议。本章将从金融网络舆情的监测发现、应对处置、宣传解读、疏解引导四个环节，结合近年来国内外相关案例，分析总结金融网络舆情应对的经验与得失。

一、监测发现环节的典型案例

（一）上海证券交易所利用大数据监测股市"黑嘴"

股市"黑嘴"，是指编造传播虚假信息、影响股票价格，甚至操纵市场谋取利益的非法机构和个人。通常，股市"黑嘴"和非法荐股、操纵市场等违法行为紧密关联。这些"黑嘴"在扰乱金融市场平稳运行，损害老百姓财产安全的同时躲避监管。然而，随着信息技术的发展，对金融网络舆情进行大数据监测分析成为可能，也为发现股市"黑嘴"提供了有力武器。2018年4月3日，中国证券监督管理委员会对廖英强"黑嘴"荐股、市场操纵一案开出逾1.29亿元的天价罚单。案件的相关线索，正是由上海证券交易所通过对相关金融网络舆情热度与交易进行实时监控所发现的。

1. 事件概述

2012 年 2 月至 2016 年 4 月，廖英强在上海广播电视台第一财经频道《谈股论金》节目担任嘉宾主持人；并从 2014 年 9 月起担任第一财经频道周播节目《谈股论金之英强开讲》的嘉宾主持；其作为大股东的上海股轩文化创意有限公司（以下简称"股轩文化"）以解盘视频"金钱风暴""股动钱潮"等节目以及在互联网上进行推广和宣传。

2018 年 5 月 6 日，证监会公布时任第一财经《谈股论金》节目主持人廖英强的行政处罚决定书。内容显示，廖英强利用其知名证券节目主持人的影响力，在互联网上公开评价、推荐股票，推荐前使用其控制的账户组买入相关股票，并在荐股后的下午或次日集中卖出。相关行为违反了《证券法》第七十七条第一款"禁止任何人以下列手段操纵证券市场"中的第（四）项"以其他手段操纵证券市场"的规定。依据《证券法》第二百零三条的规定，证监会决定：对廖英强没收违法所得 43104773.84 元，并处 86209547.68 元罚款，罚没金额总计逾 1.29 亿元。

2018 年 5 月 11 日，提供案件相关线索的上海证券交易所（以下简称"上交所"）介绍称，随着网络自媒体的兴起，近年来一些股市"黑嘴"频频借助微博、微信、QQ、直播平台等社交媒体，通过发布视频、帖子、群消息等方式散布荐股信息，相关手段更趋隐蔽。作为这一新型"黑嘴"荐股违法行为的突出代表，"廖英强案"的线索正是通过对舆情和实时交易进行对比、关联发现的。一方面，上交所发现微博账号"一财廖英强"在交易日午间发布的股评节目点击率居高不下。另一方面，交易实时监控发现"廖英强"同名账户交易相关股票存在明显异常。基于此，监管人员持续跟踪监控，并通过大数据平台扫描荐股前后的市场交易账户并展开排查，锁定了一批"荐股前埋伏、荐股后卖出获利"的嫌疑账户，为后续的稽查执法工作提供了强有力的支持。

1.29 亿元的天价罚单让不少追随廖英强的投资者们清醒过来，却没有让廖英强自己悔悟。处罚决定公布后，廖英强扬言"不缺少缴纳罚款的财产""打了 1 亿多元广告，算是家喻户晓了"，狂妄态度引发舆论强烈指责。经过

监管机构的持续监测和侦查机关的不懈努力，廖英强终落法网。2019 年 7 月
15 日，上海市公安局经济犯罪侦查总队的官方微博发布警情通报称，侦破一
起非法经营证券、期货投资咨询业务案件，将廖英强等 8 名犯罪嫌疑人刑事
拘留。

2. 事件发展过程及舆论焦点

（1）上交所舆情监测显端倪。

2015 年，上交所在舆情监控预警的过程中发现，市场对微博账号"一财
廖英强"的关注度较高。3~11 月，廖英强共发布含有荐股内容的博客 60 篇，
平均点击次数为 110399 次。在其微博、博客"午间解盘"栏目视频中，廖英
强公开评价、推荐"佳士科技"等 39 只股票共 46 次。与此同时，通过 MAC
地址比对和关联分析等方式发现，廖英强控制了其本人及"张某萍"等 13 个
证券账户，在荐股前买入其推荐的相关股票，并在推荐后当日下午或次日集中
卖出，非法牟利。

在行政处罚决定书中，证监会详细列举了 41 条廖英强通过自身影响力操
纵股票的具体做法。如，2015 年 5 月 22 日中午休市期间，廖英强在其新浪微
博"午间解盘"栏目视频中推荐"天富能源"，其控制的账户于荐股前买入
"天富能源"1135600 股，荐股后卖出 1135600 股，扣除交易税费后盈利
1633528.38 元。8 月 27 日、28 日中午休市期间，廖英强在其新浪微博"午间
解盘"栏目视频中推荐"佳士科技"，其控制的账户于荐股前买入"佳士科
技"1587300 股，荐股后卖出 1587300 股，扣除交易税费后盈利 1884814.15
元。10 月 26 日中午休市期间，廖英强在其新浪微博和博客"午间解盘"栏
目视频中推荐"长青股份"，其控制的账户于荐股前买入"长青股份"
2133729 股，荐股后卖出 1082608 股，扣除交易税费后盈利 1004260.64 元，
等等。

从上述具体做法不难看出，股市"黑嘴"廖英强熟练地通过网络舆论场
发挥"名人效应"，从而对资本市场进行操纵影响。综观证监会公布的 41 次
操作中，每次基本都能获利数十万甚至上百万元，仅有 3 次亏损。然而，在违
法操纵者赚得盆满钵满的背后，是普通投资者"高位接盘""被割韭菜"。例

如 2015 年 3 月 20 日、5 月 14 日，廖英强分别推荐了"兴发集团"和"清新环境"两只股票。下午开盘后，散户跑步入场，将股价迅速拉高；提前布局的廖英强顺势将股票卖出，完成一次"韭菜收割"（见图 3-1、图 3-2）。事实上，在 2015 年，已有部分投资者在股吧、百度知道等网络社交平台反映廖英强的非法荐股行为很危险。

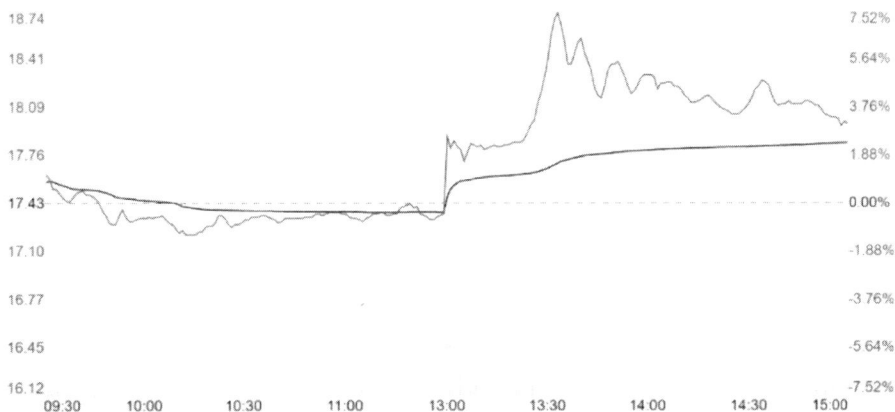

图 3-1　兴发集团股价在廖英强荐股后被股民推高（2015 年 3 月 20 日）

资料来源：新浪财经。

（2）证监会铿锵有力下罚单。

经过调查、审理，证监会在 2018 年对"廖英强操纵市场"一案处以逾 1.29 亿元的罚款，消息一经公布立即引发了市场的高度关注。从百度指数的变化来看，这不仅是近 5 年来舆论对廖英强最为聚焦的时刻，也掀起了公众对股市"黑嘴"的高度关注（见图 3-3）。《证券日报》等主流媒体纷纷对监管层的罚单力度表示赞许，认为近几年监管层查处股市"黑嘴"的天价罚款屡屡被刷新，显示出严厉打击"黑嘴"们的决心，对相关违法违规行为形成有力震慑。

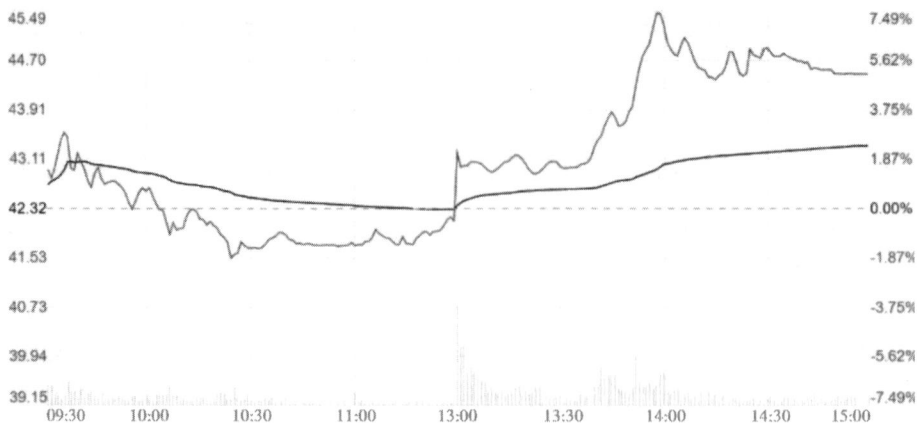

图3-2 清新环境股价在廖英强荐股后被股民推高（2015年5月14日）

资料来源：新浪财经。

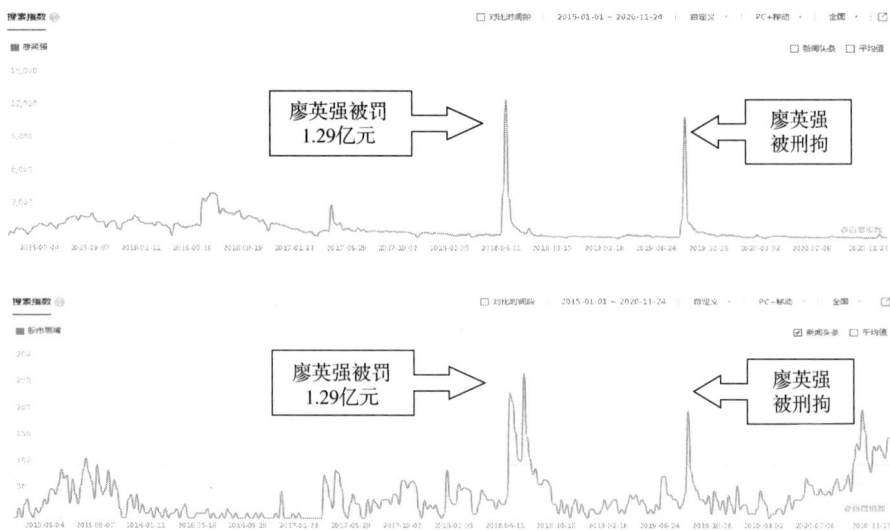

图3-3 有关"廖英强""股市黑嘴"的百度指数变化

（2015年1月1日至2020年11月24日）

资料来源：百度指数。

　　在2018年5月11日召开的新闻发布会上，证监会新闻发言人高莉表示，在廖英强遭到查处的同时，证监会近期还部署了8起典型案件（2018年专项执法行动第一批案件），集中打击通过互联网、自媒体肆意发表证券期货虚假信息，充当股市"黑嘴"并从中牟利等严重扰乱资本市场信息传播秩序的违法行为。这些案件均由证监会稽查部门会同舆情监测和市场监察等相关单位和部门，通过强化信息与交易联动分析等手段予以发现、侦查。相关表态引发了舆论广泛关注：一是关注监管层通过大数据监测分析发现股市"黑嘴"违法行为，肯定舆情监测、关联分析等手段建设对打击股市"黑嘴"的重要性和必要性；二是关注监管层"再亮剑"，肯定其对股市"黑嘴"的高压监管。

（3）股市"黑嘴"狂妄叫嚣终成空。

高额处罚在引发市场唏嘘的同时，也引来了廖英强狂妄回应。就在罚单开出的次日（2018年5月7日），廖英强在网上发布视频回应，声称"不缺少缴纳罚款的财产""打了1亿多元广告，算是家喻户晓了"。廖英强的嚣张态度引发了舆论强烈反弹。《人民日报》、观察者网、《中国基金报》等数十家主流媒体，武汉科技大学金融证券研究所所长董登新、金融律师刘成军等专家学者纷纷发声对其进行严厉谴责。有的斥责其不知悔改，反而借机炒作，挑战法律底线；有的建议出台更为严厉的惩罚措施，谨防新的"廖英强"出现；还有的呼吁在惩处之余要加强信息管理和投资者教育。

在2018年5月11日的新闻发布会上，证监会发言人高莉表示，已注意到社会舆论对廖英强的回应反应激烈，并称"任何侵害投资者合法权益、破坏市场运行秩序、肆意挑战法律尊严的行为，最终都必将得到应有惩罚，付出沉重代价"。果不其然，接到天价罚单仍不知悔改的廖英强在2019年因非法经营证券、期货投资咨询业务被刑事拘留。据上海市公安局经济犯罪侦查总队发布的警情通报显示，"2016年4月至今，犯罪嫌疑人廖某强伙同其胞兄等人，利用廖某强原财经节目主持人的名人效应，通过其实际控制的上海仟和亿教育培训有限公司、爱操盘（上海）网络信息服务有限公司，在未取得经营证券、期货投资咨询业务许可的情况下，组织多名不具有证券、期货投资咨询从业资格的讲师，通过举办线上及线下咨询讲座、报告会等方式，向公众分析、预测证券、期货投资品种的行情及价格走势，非法从事证券、期货投资咨询业务，非法获利金额巨大"。媒体纷纷对此拍手称快，"大忽悠廖英强被刑拘了""大快人心""彻底凉了"等文章标题和关键词在网上热传。

（4）监管层清理整肃不停歇。

"廖英强案"告一段落，但监管层对股市"黑嘴"的清理整肃并未停歇。在开出巨额罚单后，证监会不仅立即公布了对8个类似典型案件进行部署的消息，还在新闻发布会上铿锵有力地做出表态，"将坚持依法全面从严监管，继续加大稽查执法力度，对各类违法违规行为，始终保持高压态势。继续加强与相关管理部门联动协作，强化证券期货市场信息传播行为管理，净化资本市场信息传播秩序，共同打造一个投资者合法权益得到充分保护的公开、公平、公正的资本市场"。

梳理媒体报道发现，2018年9月28日，证监会通报此前部署的2018年专项执法行动第一批案件查办进展，表态将抓紧推进专项执法行动案件查办。2019年5月、7月，证监会稽查部门配合有关地方公安机关接连抓捕操纵市场的"黑嘴"团伙，捣毁多个窝点；12月31日，浙江金华中级人民法院对一起操纵证券市场案进行宣判，操纵8只股票、非法牟利过亿的股市"黑手"被大数据斩断。2020年6月，济民制药、盛洋科技、东方银星、百合花等股票背后的"黑嘴"团伙被曝光；9月18日，证监会宣布开展为期3个月专项整治行动，重点打击股市"黑嘴"、场外配资和非法荐股等。专项行动开始后，上海、深圳、新疆、青海等地对股市"黑嘴"的整治打压行动频频见诸报端。

相应地，社会公众对股市"黑嘴"的关注由此前的因单独事件（如"廖英强案"）予以短暂关注，转变为长期的、持续的关注。从图3-3可以看到，自2020年3月以来，有关"股市黑嘴"的百度指数持续走高；而在此前，相关指数仅在廖英强被罚、被刑事拘留时才陡然增高。这说明，通过持续的、多样化的宣传引导，有效构建起全社会合力打击股市"黑嘴"的舆论环境。一方面有助于持续震慑相关违规违法行为；另一方面也能更好地发挥对投资者的警示作用。

3. 案例点评

（1）开展金融网络舆情监测至关重要。

散布虚假信息、利用自身影响力违规荐股，股市"黑嘴"这些扰乱资本市场的违法违规行为，与网络信息传播紧密相连。因此，开展金融网络舆情的监测也就成为了发现、打击股市"黑嘴"重要的"最初一公里"。从证监会的新闻发布会可以看出，发现廖英强等新型股市"黑嘴"的违法行为，就始于对相关舆情的监测。提供线索的上交所也表示，首先是监测到"一财廖英强"这一微博账号的高关注度和荐股行为，然后再排查、关联相关账户进行分析。事实上，在当前网络信息爆炸的时代，金融网络舆情影响着市场乃至宏观经济运行的方方面面。如，机构专家对GDP、通胀等宏观经济数据的预测分析可能在一定程度上影响着市场投资者的预期；一些有关企业、金融机构的不实信息可能引发的投资者抛售股票、去银行挤兑；对政策落实和经济运行中存在的问题进行放大化、片面化解读可能会增加对监管层决策的质疑，影响政策落实效果；有关行业的负面新闻集中爆发可能会打击投资者、消费者信心，严重阻碍行业发展。所以说，加强金融网络舆情监测，第一时间发现、第一时间处置，对维护国家经济安全和群众财产安全至关重要。

（2）与时俱进的技术手段是金融网络舆情监测的重要辅助。

互联网和信息技术的蓬勃发展增加了金融网络舆情监测的复杂性和难度。与电视、广播、纸媒等传统信息传播渠道相比，互联网已经成为金融网络舆情传播的主要载体。通过互联网，股市"黑嘴"们既能够"点对点"诱导投资者，也能够"一对多"地招揽客户。与此同时，信息传播的效率更是呈现指数级增长，一键上传、一键分享能够让信息瞬间直达成千上万的投资者。证监会新闻发言人高莉坦言，新形势下，虚假信息初始来源较难追溯，信息传播路径不易复原。针对技术创新带来的问题，还得依靠技术予以解决。在"廖英强案"中，相关线索的发现就离不开上交所在技术手段建设方面的积累。据上交所在媒体问答会上的介绍，其针对当前"黑嘴"监管形势变化，从舆情预警、盘中跟踪、盘后大数据分析三个维度着手，建立了一整套完整的监控分析和线索上报体系。首先，通过大数据筛查技术，强化对网络舆情的监测力度；其次，通过爬虫和文本挖掘等人工智能技术，增加线索发现的智能化程度；最后，通过文本智能处理、交易行情分析、账户识别评价等模块，提升数据分析的效率和准确度。

（3）及时发声回应，强化舆论引导，震慑违法违规者嚣张气焰。

在"廖英强案"中，2018 年的天价罚单和 2019 年的刑事拘留都引发了舆论的高度关注和公众对股市"黑嘴"的聚焦，可以说是起到了很好的警示效果。尤其是，2019 年刑事拘留廖英强的消息发布正值科创板开市前夕，对试图在证券市场触碰"法律红线"的参与方敲响了警钟，有助于维护金融市场公平与秩序。与此同时，针对廖英强就罚单的狂妄回应，证监会即刻表态，媒体专家集中声讨，及时向市场传达对相关违法违规行为的严厉态度，对其他蠢蠢欲动的股市"黑嘴"们形成震慑。在金融市场中，投资者情绪是影响市场行情的重要因素，而金融网络舆情又在时刻影响着公众判断。因此，在出现不良舆论苗头的时候，及时对金融网络舆情进行引导，营造有利于市场平稳运行、健康发展的舆论环境十分关键。对于监管层来说，第一时间通报对违法违规行为的处置结果，联合主流媒体、权威专家机构共同发声，是引导舆论的有效手段。

（4）持续吸引舆论聚焦，营造对违法违规行为的零容忍氛围。

"廖英强案"作为监管层打击股市"黑嘴"的典型，引发了市场的高度关注，在一定程度上起到了对社会公众的曝光、警示作用。然而，投资者教育应该是长期性、持续性的工作。在信息纷繁复杂的网络时代，公众的注意力难以长期聚焦。因此，要想维持公众的关注度，就必须持续在舆论场上开展议程设置。从打击股市"黑嘴"的案例来看，监管层与主流媒体联动，持续发声对相关违法违规行为进行批判、陆续公布打击计划和典型案例处置情况、加大风险预警和风险提示力度；与此同时，引导媒体、专家、机构对股市"黑嘴"现象进行讨论，分析其存在原因、暴露的问题以及提出相关治理建议。正是通过坚持开展议程设置，吸引舆论注意力，最终才能营造出全社会合力打击股市"黑嘴"，对相关违法违规行零容忍的舆论氛围，进而提升投资者教育的持续性和有效性。

（二）2018 年新兴经济体遭遇货币危机

进入 21 世纪以来，新兴经济体迅速崛起，成为全球经济的重要组成部分。与此同时，在经济全球化的背景下，近年来多起"黑天鹅"事件也对新兴经济体的金融市场造成严重冲击，"市场闪崩""股债汇三杀"等字眼频频出现在互联网上。市场震荡的直接原因，通常与资金的大规模流动有关。因此，强化对资金流向的监测分析，及时掌握有可能引起资本异动的外部动向和市场情绪，对维护金融市场稳定具有重要意义。

1. 事件概述

2018 年初，新兴市场国家货币一改此前较为稳健的走势，开启贬值之路。尤其是 4 月 24 日，10 年期美债收益率自 2014 年 1 月以来首次突破 3%，带动美元强势反弹，新兴市场国家货币下跌态势自此开始。其中，阿根廷比索 5 月开启"断崖式下跌"，年内币值腰斩；土耳其里拉 8 月受"黑天鹅"事件冲击，出现闪崩。与此同时，巴基斯坦卢比、俄罗斯卢布、巴西雷亚尔、南非兰特等币值（兑美元）也在 2018 年分别下跌 20.4%、17.06%、14.47%、13.93%。在货币市场表现不佳的同时，新兴市场国家的股市、债市也出现大幅下滑。2018 年 MSCI 新兴市场指数从 1157.55 一路跌至 965.67，收缩 16.58%；彭博巴克莱指数显示，截至 2018 年底，新兴市场债券收益率接近 9 年高位。

市场"股债汇三杀"的背后是大量资金流出新兴市场经济体。国际金融协会（Institute of International Finance，IIF）数据显示，在货币危机发酵的 2018 年 5 月，外国投资者总计抛出 123 亿美元的新兴市场债券和股票资产，创下了 2016 年 11 月以来的最大单月资金外流。与此同时，金融市场动荡让阿根廷、土耳其等国经济遭到重创。世界银行数据显示，2018 年阿根廷的 GDP 总量由 2017 年的 6426.96 亿美元缩减 19.3% 至 5198.72 亿美元，经济增速同比萎缩 2.5%；土耳其经济增速则由 2017 年的 7.4% 骤降至 2.6%。为了遏制资本外流、稳定币值、化解危机，相关国家央行接连出台激进措施。例如，阿根廷央行在 8 天内连续 3 次加息，将基准利率从 27.25% 提升至 40%；土耳其央行大幅加息 625 个基点，将一周回购利率由 17.75% 上调至 24%；巴西、印度尼西亚等国央行均采取行动大规模干预外汇和债券市场。种种措施对稳定市场起到了一定效果，但货币贬值后不断攀升的债务压力、频频发生的"黑天鹅"事件，让市场对新兴经济体的信心难以得到长期有效的提振，新兴经济体货币贬值的压力持续至今。

2. 事件发展过程及舆论焦点

（1）美元反弹，阿根廷比索 5 月急跌。

2018 年 3 月 21 日，美联储宣布加息 0.25 个百分点，货币政策收紧的步伐越发明显。美国货币政策趋势性收紧，叠加全球风险偏好回落、美债收益率抬升等因素，让美元一改一季度以来的震荡盘整走势，于 4 月中旬开始强势反弹。受此影响，新兴经济体货币波动加剧，贬值压力骤增。例如，阿根廷比索兑美元汇率自 5 月起开始断崖式下跌：5 月 2 日、3 日，接连贬值 3.11% 和 4.88%；5 月 14 日，单日跌幅扩大至 7.87%（见图 3-4）。

图 3-4 阿根廷比索兑美元汇率走势（2018 年 3 月 30 日至 7 月 30 日）

资料来源：新浪财经。

2018 年前 5 个月，阿根廷比索兑美元汇率累计下跌 25.7%，其中，仅 5

月前两周，跌幅就高达 17.94%。与此同时，阿根廷主要股指 MERV 指数于 4 月 10 日触及近期高点后持续走跌，截至 5 月 8 日，跌幅扩大至 17.48%（见图 3-5）；阿根廷 100 年期的"世纪债券"收益率也升至记录新高的 8.38%。"股债汇三杀"局面令阿根廷政府出台了令人惊讶的措施。4 月 27 日，阿根廷央行打响保卫比索第一枪，加息 300 个基点，将利率由 27.25% 上调至 30.25%；5 月 3 日，阿央行宣布再次加息 300 个基点；5 月 4 日，加息幅度扩大至 675 个基点，基准利率调升至 40%。阿根廷 8 天内 3 次加息的措施引发了全球的高度关注，"破釜沉舟保比索""绝望式加息"等频频成为报道标题的关键词。阿根廷比索的币值暂时被稳住，但有关阿根廷"货币面临崩溃"等声音仍然不绝于耳。

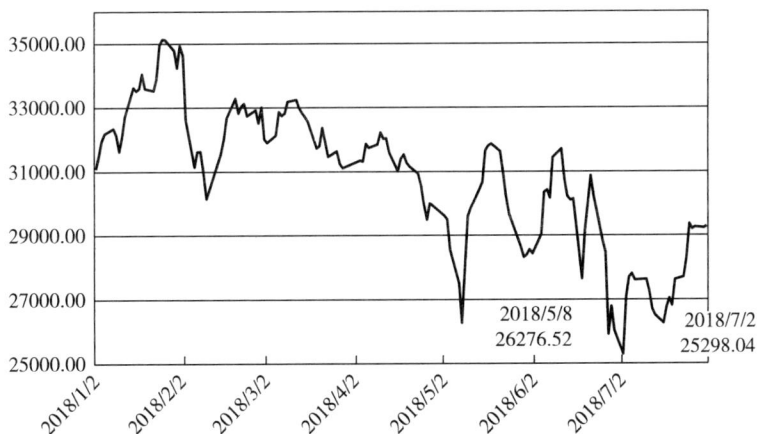

图 3-5　阿根廷 MERV 指数（2018 年 1 月 2 日至 7 月 31 日）

资料来源：Wind 数据库。

在激进加息的同时，阿根廷还动用数十亿美元的外汇干预市场，并向国际货币基金组织（International Monetary Fund，IMF）寻求援助。2018 年 6 月 7 日，阿根廷和 IMF 达成 500 亿美元贷款协议。但相关消息不仅没能进一步稳定币值，还成为阿根廷比索又一次加速下跌的开端。6 月 8 日，阿根廷比索兑美元汇率下跌 1.24%，为 5 月 16 日以来最大单日跌幅；6 月 11 日，跌幅扩大至

2.79%；6月14日，阿根廷比索重挫6.24%（6月13日，美联储宣布年内第二次加息）；6月28日，阿根廷"世纪债券"收益率创下9.19%的历史新高。整个6月，阿根廷比索兑美元汇率再度贬值13.75%，2018年上半年贬值幅度扩大至36.02%。

在阿根廷比索的领跌之下，多个新兴市场国家货币均因美元走强而承压。其中，土耳其里拉兑美元在5月23日亚盘时间一度暴跌5.2%，刷新近十年来最大单日跌幅，创下历史最低水平。1～5月，里拉兑美元汇率整体下跌16.33%，仅5月跌幅就达10.34%；6月，土耳其主要股指伊斯坦堡ISE100指数跌破100000点关口且持续下行，上半年较1月高点下跌了20.58%（见图3-6）。土耳其里拉成为市场猜测下一个发生危机的新兴市场货币。

图3-6 里拉兑美元汇率走势（2018年3月30日至7月30日）

资料来源：新浪财经。

与此同时，俄罗斯卢布、巴西雷亚尔、巴基斯坦卢比等新兴市场货币也萎靡不振。从图3-7可以看到，随着2018年4月美元美债走强，这些国家货币兑美元普遍转跌，其中，俄罗斯卢布4月受美对俄制裁这一"黑天鹅"事件影响大跌9.28%；4月9日，俄罗斯RTS股指盘中一度跌幅超过11.39%，创指数成立以来最大单日跌幅。巴西雷亚尔自2018年2月以来持续数月下跌，4月和5月跌幅均超过5%；6月7日，美元兑巴西雷亚尔一度冲高至3.9668，逼近"4:1"的红线；巴西BOVESPA股指跌幅一度达到6%。为了稳定市场。巴西央行在5月14日至6月15日的24个工作日内向市场注入386.17亿美元，规模空前。

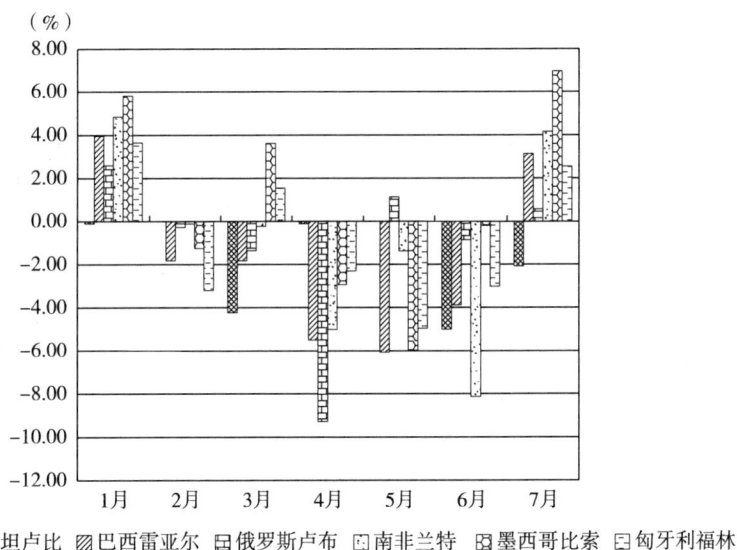

（%）

〓巴基斯坦卢比　〓巴西雷亚尔　〓俄罗斯卢布　〓南非兰特　〓墨西哥比索　〓匈牙利福林

图3-7　新兴市场国家货币兑美元汇率涨跌幅（2018年1~7月）

资料来源：新浪财经。

新兴市场国家货币大跌背后最直接的原因，就是金融市场的资金大量流出。实际上，直到2018年的第一季度，绝大多数新兴市场国家仍维持着资本净流入的状态。但4月美元美债"起飞"以及对国际环境的担忧让投资者风险偏好陡然转向，大量资金从新兴市场向美国回流。据IIF数据显示，2018年5月，外国投资者共计抛售123亿美元的新兴市场债券和股票，创下2016年11月以来最大单月资金外流规模。资金流向监测机构EPFR Global的数据也显示，在美联储宣布加息的 6 月 13 日当周，全球新兴市场基金流出 22 亿美元，创 2016 年美国大选以来最大单周流出规模；在加息后截至 6 月 20 日的一周内，全球新兴市场股票基金的资金流出量创下 60 亿美元的历史最高水平。7 月，资本流出新兴市场的势头有所缓和。IIF 数据显示，7 月新兴市场非居民资本投资净流入 119 亿美元；其中股市流入 79 亿美元，债市流入 40 亿美元。相应地，7 月多个新兴市场国家货币兑美元由跌转涨，恐慌情绪也有所稳定。然而，就在市场期待新兴市场国家度过"至暗时刻"时，8 月的里拉崩盘再度引发新兴市场货币危机。

（2）"黑天鹅"冲击，土耳其里拉 8 月闪崩。

土耳其里拉从 2018 年初就已开始持续下跌，尽管土耳其央行 4 月以后累计加息 500 个基点，但未稳定其走势。8 月 10 日，美国宣布将对土耳其征收的钢铝进口关税翻倍。受这一"黑天鹅"事件冲击，里拉兑美元汇率在 10 日下跌 13.72%，盘中一度重挫 16.21%，创 2001 年土耳其银行业危机以来的最大单日跌幅。里拉闪崩后，土耳其主要股指伊斯坦堡 ISE100 指数随之跳水，一度下跌 8.8%；该国 10 年期国债收益率也随之升至 20% 以上，创下历史新高；由于里拉贬值推高了进口成本，土耳其国内通胀率高达 15.85%，创 2004 年 1 月以来最高水平。"里拉溃败""里拉危机"等声音让市场恐慌情绪加速升温。8 月 13 日，里拉兑美元汇率再度大跌 7.21%，较年初累计贬值 45.35%。8 月 17 日，美国再次威胁加大制裁力度的话音刚落，里拉兑美元急跌，日内跌幅一度扩大至 6.87%（见图 3 - 8）。

这场在土耳其掀起的货币风暴迅速向其他新兴市场国家蔓延。多个新兴市场国家货币的跌势从 8 月 10 日以来显著放大，单月跌幅达到 5% ~ 10%（见图 3 - 9）。其中，南非兰特 13 日兑美元暴跌，单日最大跌幅高达 9.23%，创下 2016 年 6 月以来的最低点；墨西哥比索兑美元同步下挫 2.27%，创 2017 年 1 月以来最大跌幅；印尼盾下跌近 1%，创下 2015 年 10 月以来新低，印度尼西亚央行不得不干预外汇市场以稳定币值；俄罗斯卢布连日下跌，累计最大跌幅突破 8%。股票市场也受到冲击，富时新兴市场指数 8 月 15 日一度下跌 2.3%，创 6 个月来最大盘中跌幅，较 1 月 26 日创下的前期高点下跌了 19.7%。

图 3－8　里拉兑美元汇率走势（2018 年 7 月 30 日至 8 月 31 日）

资料来源：新浪财经。

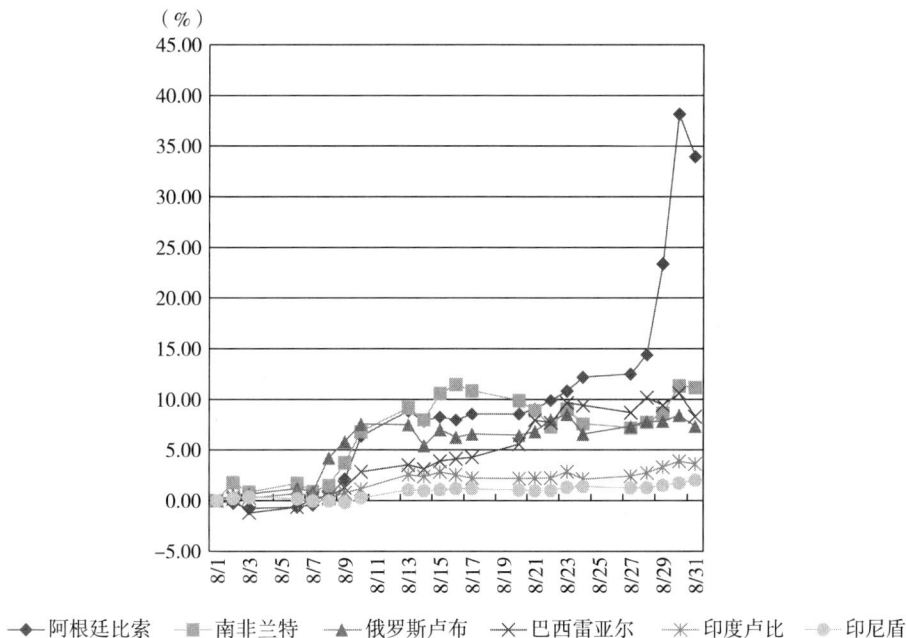

图 3－9　2018 年 8 月美元兑新兴市场国家货币汇率涨跌幅

（以 8 月 1 日为基期）

资料来源：新浪财经。

与此同时，追踪 24 个新兴经济体股市的 MSCI 新兴市场指数也较 1 月高点缩水 20%，其中巴西、南非、印度尼西亚等市场累计跌幅高达 20%~30%。

2018 年 8 月底，货币崩盘的接力棒再度回到阿根廷手中。受土耳其危机影响，阿根廷比索在 7 月短暂升值之后，于 8 月再度下跌。8 月 29 日，阿根廷总统马克里发表电视讲话，呼吁 IMF 加速划拨 6 月承诺的 500 亿美元贷款。但相关表态并没有起到安抚市场的效果，反而加剧了国际舆论对阿根廷经济金融状况的担忧，投资者对新兴市场的风险偏好再度降低。当日，阿根廷比索兑美元下跌 7.29%；30 日，阿根廷比索大幅降低开创出历史最低水平。阿根廷央行货币政策委员会随即召开紧急会议，一举将基准利率由 45% 提高至 60%，比全球第二高的国家利率水平高出 35 个百分点。但这一举措没有起到提振市场信心的作用，反而使得投资者加快抛售比索。30 日盘中，阿根廷比索兑美元的贬值幅度一度达到 18.62%；截至收盘，单日跌幅较前一日扩大至 10.09%，相比年初的累计跌幅扩大至 51.59%。

阿根廷比索大幅贬值再次加剧了新兴市场货币的集体震荡。巴西雷亚尔兑美元在 8 月 30 日盘中大跌 2.55%，创下 0.2368 的年内最低水平，较 8 月开盘累计下跌 10.91%；巴西央行 8 月 31 日宣布进行外汇干预，距离上次干预仅有两个月时间。南非兰特兑美元自 8 月 28 日起一路下行，跌至 9 月 5 日的 0.0633，刷新两年多来最低水平，短短一周内跌幅达到 9.7%。俄罗斯卢布兑美元自 9 月初持续走低，于 9 月 10 日跌至年内最低水平。印度卢比兑美元自 8 月以来一路刷新历史新低；10 月 9 日，触及年内最低水平。土耳其里拉兑美元则在好不容易反弹企稳数天后再度下跌，在 8 月 27~30 日累计贬值 10.44%，其中 30 日盘中跌幅一度达到 5.7%，为两周以来最低水平。9 月 13 日，土耳其央行宣布加息 625 个基点至 24%，超出市场预期的力度让里拉兑美元直线上涨。然而不少媒体机构表示，伤害已经造成，"猛药"来得有点晚。

货币危机持续发酵背景下，资本外流压力也愈演愈烈。IIF 数据显示，2018 年下半年，新兴市场单月净资本流动均为负数，投资者共计撤资 1591 亿美元。此外，新兴市场国家经济状况的恶化还吸引了不少投资机构做空其货币。继阿根廷比索、土耳其里拉之后，印度卢比、印尼盾、南非兰特等新兴市场货币也纷纷沦为对冲基金的沽空目标，进一步加剧了贬值压力。与此同时，部分知名投资银行发布研报表示看衰新兴市场货币，提出做空的建议策略，也进一步打击了投资者对新兴市场的信心。

临近 2018 年底，新兴市场货币危机逐渐平息。但受外部不确定性增强、内部债务风险高企等因素影响，新兴市场国家金融市场仍颇为脆弱。尤其是近年来"黑天鹅"事件频发，新兴市场货币大幅下跌的景象仍在上演。如 2019 年 8 月，时任总统马克里在阿根廷总统初选上惨败引发金融"强震"；阿根廷主要股指 MERV 指数下跌 31%；阿根廷比索兑美元一度暴跌 30%；阿根廷主权债券价格下跌 18% ~ 20%，不到面值的 60%。10 月 14 日，美国表示对土耳其实施制裁，土耳其里拉兑美元应声跌至 4 个月以来新低；土耳其股市大跌 2.2%，其中伊斯坦堡 ISE100 指数下跌 5%；10 年期国债收益率升至 15.18%，较 11 日收盘上涨 5.64 个百分点。

3. 舆情点评

（1）新兴经济体金融市场受外部环境影响明显，需加强对全球经济和国际金融市场的关注和监测。

美元的涨跌以及流动性是影响全球经济和金融市场的重要因素，从历史上看，美元的上涨都伴随着新兴经济体的资金流出。从 2018 年新兴经济体货币危机可以看到，新兴市场货币跌势加剧与美元美债走高同频。因此，密切关注美元走势，尤其是引发美元大幅波动的因素，对于稳定金融市场至关重要。对于受外部环境影响较大的新兴市场国家来说，实时关注美国等发达经济体动向，建立长期资料数据库进行分析比较，对于及时感知、准确预测市场走势具有重要意义。同时，新兴市场货币受到相关因素冲击后通常波动较大，容易成为国际投机资本炒作做空的目标，不仅给新兴市场国家货币稳定造成威胁，而且可能对新兴经济体的金融市场和经济发展造成巨大的破坏。因此，需要加强对跨境资本尤其是国际投机资本的关注和监测。一般情况下，国际投机资本为了营造沽空的氛围，热衷炒作新兴市场国家经济存在问题、面临风险等话题，借以冲击市场信心，加剧资金外流，为其投机行为创造机会。因此，应加强监测相关网络舆情的炒作传播情况，以便及时发现、予以应对。

（2）"黑天鹅"事件或成引发市场震荡，需加强对事件发生后市场情绪的监测分析。

所谓"黑天鹅"事件，是指难以预测的意外事件，但通常会引发重大的负面影响。近年的多起"黑天鹅"事件引发了金融市场剧烈震动。例如，沙特阿拉伯石油设施2019年遇袭后，布伦特原油价格开盘暴涨19.5%，创下28年来最大涨幅；2020年新冠肺炎疫情暴发引发了全球金融市场震荡，多国经济增长受到拖累。通常来说，新兴经济体的金融市场是风险偏好型投资者的重要选项。在"黑天鹅"事件发生后，新兴经济体首当其冲会受到影响和冲击，市场恐慌情绪扩散蔓延，风险偏好降低，大量资金从新兴市场流向美元、黄金等传统避险资产，新兴经济体的股票市场、债券市场、外汇市场等金融市场之间相互影响、轮番下跌，形成恶性循环。因此，对市场情绪进行实时追踪、开展量化监测，有助于预警风险、提前应对。例如，美国芝加哥期权期货交易所推出的VIX指数，以量化方式展示未来30天的市场波动性，被市场公认为评估风险的"恐慌指数"。

二、应对处置环节的典型案例

（一）多部门联合开展互联网金融风险专项整治

随着信息技术发展，金融和互联网的融合不断加深，互联网金融行业逐步兴起并迅速发展。从最初为金融机构提供网络技术服务，到第三方支付平台的诞生，互联网金融逐渐从技术向业务延伸。2013年，互联网金融的标志性业务形态——网络借贷平台出现了爆发式增长，带动互联网金融行业进入高速发展阶段。但在快速发展的同时，互联网金融行业也出现了潜在的风险和问题。2015年底至2016年初，成交总量超百亿的"e租宝""大大集团""上海快鹿"等互联网金融平台相继爆雷，引发行业震动。自此，对互联网金融的行业监管不断收紧，相关政策陆续发布，专项整治行动也迅速开展和推进。

1. 事件概述

2015年底，交易总量超700亿元的互联网金融平台 e 租宝轰然倒下。同月，互联网金融平台"大大集团"因涉嫌非法集资被立案侦查。短短数月后，上海快鹿投资集团资金链断裂，互联网金融的"外衣"再难掩饰部分公司从事非法集资的事实。同一时间，"中晋系"多家公司因涉嫌非法吸收公众存款和非法集资诈骗犯罪被立案调查。此外，三农资本、理财邦、惠卡世纪等公司也纷纷被曝"踩雷"。

在数家百亿级互联网金融平台陷入危机的情况下，国务院于2016年4月14日组织14个部委召开电视会议，要求配合落实《互联网金融风险专项整治工作实施方案》（以下简称《实施方案》），在全国范围内启动有关互联网金融领域的专项整治，为期一年。同年10月13日，国务院办公厅正式公布《实施方案》；同日，中国人民银行等17个部门联合印发《通过互联网开展资产管理及跨界从事金融业务风险专项整治工作实施方案》，联手对互联网金融进行全面纠偏。同年，非法集资登记平台、中国互联网金融协会等陆续上线、成立，体制机制得以健全；《网络借贷信息中介机构业务活动暂行办法》《P2P网络借贷风险专项整治工作实施方案》等政策文件密集出台，互联网金融行业监管政策不断完善。

互联网金融风险专项整治自2016年拉开帷幕后，持续深入推进。2017年，原定于3月完成的互联网金融风险专项整治工作延期至2018年6月。监管层在近几年持续加大对互联网金融风险的预警，及时针对发现的问题出台政策文件，引导行业健康发展。在监管高压下，互联网金融公司纷纷寻求转型，那些不合规、风险大的互联网金融平台逐步被市场淘汰。在2020年这一互联网金融风险整治的收官之年，全国实际运营的P2P网贷机构于11月中旬完全归零，互联网金融领域风险持续收敛，防范化解重大风险攻坚战取得重要成果。

2. 事件发展过程及舆论焦点

（1）部分互联网金融平台风险暴露。

2015年12月8日晚，新华社报道称，e租宝网站以及关联公司涉嫌违法经营活动，正在接受有关部门的调查。12月9日，e租宝位于广东东莞、佛山、安徽、上海等地的多处办公地点接连被警方查封，母公司安徽钰城集团被拆牌。12月10日，e租宝董事长张敏签发文件称，该公司业务全部暂停。据网贷之家数据显示，截至2015年12月8日，e租宝总成交量745.68亿元，总投资人数90.95万人（注册人数近490万）。

2015年12月22日，新浪财经报道称，大大集团因涉嫌非法集资已被立案侦查，四名高管被羁押。资料显示，大大集团在全国开设了23家省公司，4家直辖市公司，229家市公司，374家分公司，717家子公司；非法集资金额近139亿元，造成6万多名投资者损失64.73亿元。

2016年3~4月，又有两家百亿级平台出现问题。3月31日和4月1日，上海快鹿投资集团旗下理财平台金鹿财行和当天财富接连发布公告，承认平台存在资金缺口，部分投资产品出现兑付困难，金额高达18亿元。兑付危机牵出快鹿集团提供虚假债权、虚假担保，并通过融资平台将其包装为理财产品的非法集资违法事实，金额总计高达434亿余元。4月6日，上海市公安局官方微博"警民直通车－上海"发布公告称，国太控股（集团）有限公司、中晋股权投资基金管理（上海）有限公司、上海中晋一期股权投资基金有限公司等"中晋系"相关联的公司涉嫌非法吸收公众存款和非法集资诈骗犯罪，相关人员已被控制，正在立案调查当中。调查显示，"中晋系"多家公司累计向2.5万名投资者非法吸收存款近399亿元；截至案发时，未兑付金额达52亿元，涉及投资者1.28万多人。

（2）监管层及时发声稳定市场信心。

2015年12月8日，公安部指挥各地公安机关统一行动，对钰诚集团及其关联公司的主要高管实施抓捕，并查封、冻结、扣押涉案资产；同日，新华社即发布了《e租宝涉嫌违法经营正接受调查》的消息。随后，广东、北京、江苏、上海、安徽等地公安机关通过官方微博发布公告，称已对e租宝涉嫌犯罪问题依法立案侦查。2015 年 1 月 11 日，深圳经侦在其微信公众号中发布通报，首次明确 e 租宝涉嫌非法吸收公众存款。1 月 14 日，e 租宝平台的 21 名涉案人员被北京检察机关批准逮捕。

面对社会各方面的高度关注和持续高企的网络舆情，相关部门迅速予以回应。新华社 2015 年 12 月 12 日报道，"北京及各省区市按照属地管理原则成立了专项处置工作机构，将依法最大限度地保护投资人的合法权益"。深圳等地公安机关也纷纷发布通报表示，"正在积极开展调查取证、固定证据和追赃挽损工作，依法查封、扣押、冻结，最大限度追缴涉案资产"，同时号召投资者及时报案反映情况，依法、理性表达诉求。2016 年 1 月 31 日晚间，新华社发布题为《"e 租宝"非法集资案件的真相调查》报道称，警方初步查明，"e 租宝"实际吸收资金 500 余亿元，涉及投资人约 90 万名。

2016 年 2 月 13 日，公安部上线"非法集资案件投资人信息登记平台"，为购买 e 租宝及其关联公司产品未赎回的投资人开通登记。这一动向获得了央广网、人民网等主流媒体广泛报道，有效地缓解了投资人焦虑的情绪。通过该平台，公安机关"e 租宝"案件专案组陆续发布 8 份 e 租宝案件公告，对投资者关心的"e 租宝平台能否重新开放？"等问题做出回应；就"登记后投资资金将会被视作违法所得而充公"等谣言进行辟谣；通报登记、审核工作进展，督促投资者及时登记。2016 年 11 月 23 日，新华社报道称，e 租宝案件目前已追缴涉案资产逾百亿元，公安机关仍将继续全力追缴涉案资产。12 月 23 日，公安部发布公告称，"e 租宝案"侦查阶段主登记已经结束，已有 24 万余名投资人通过身份审核。一系列官方权威消息陆续发布，给投资者们派下了"定心丸"。

（3）多部门合力整治化解风险。

针对互联网金融行业出现的风险和问题，国家高度重视，相关部门协同配合，迅速采取应对处置措施。2016 年 4 月 14 日，国务院组织 14 个部委召开电视会议，决定在全国范围内启动为期一年的互联网金融专项整治。同日，国务院批复并印发了《互联网金融风险专项整治工作实施方案》，将 P2P 网络借贷列为重点整治问题。相关消息获得了媒体广泛转载报道，舆论纷纷期待多管齐下的"包围战"能够肃清互联网金融行业乱象，引导行业回归本质，真正发挥服务实体经济、推广普惠金融的作用。

随着专项整治发令枪响，多个部委密集出台更具针对性的整治方案。例如，原银监会会同14个部门印发《P2P网络借贷风险专项整治工作实施方案》，出台《网络借贷信息中介机构业务活动管理暂行办法》，对网贷行业进行全面整治、纠偏；教育部、原银监会联手发布《关于加强校园不良网络借贷风险防范和教育引导工作的通知》，强化对校园贷的监管；原国家工商总局等17部门联合印发《开展互联网金融广告及以投资理财名义从事金融活动风险专项整治工作实施方案》，对互联网金融广告等开展清理；原保监会等14部门联合印发《互联网保险风险专项整治工作实施方案》，规范互联网保险经营模式；证监会等15部门联合印发《股权众筹风险专项整治工作实施方案》，整顿互联网股权融资乱象；中国人民银行等13部门联合印发《非银行支付机构风险专项整治工作实施方案》，防范支付风险。

2016年10月13日，国务院办公厅正式对公众发布《互联网金融风险专项整治工作实施方案》；同日，中国人民银行等17个部门联合印发《通过互联网开展资产管理及跨界从事金融业务风险专项整治工作实施方案》，上述提及的多个专项整治方案也一并面世，互联网金融风险专项整治工作再度引发舆论高度关注。"联手出击""声势浩大""穿透式监管""不留死角"等关键词凸显了此次专项整治工作的力度，也体现了国家防范化解互联网金融风险的决心。社会舆论普遍认为，专项整治对防范化解互联网金融风险意义重大，监管收紧将加速行业洗牌，合理规范将助力行业行稳致远。但同时，也有部分声音对互联网金融行业的发展表现出悲观的态度。针对这些声音，《人民日报》刊发评论文章《互联网金融，挤净泡沫是春天》称，整治不是所谓的"打压"，规范是为了更好地发展。央视财经频道采访相关专家称，专项整治不是打击互联网金融，是规范引导其促进整个金融创新。主流媒体的回应向市场传达了正能量，释放出监管层支持互联网金融发展初心不改的信号。

互联网金融风险专项整治工作并非"一阵风"，随着摸排、整改的推进，互联网金融风险仍在持续暴露，防范化解风险成为重中之重。梳理 2014～2018 年《政府工作报告》对互联网金融的提法不难看出，从"促进健康发展"到"规范发展"，再到"高度警惕风险""健全监管"，对互联网金融行业的监管在不断升级（见表 3-1）。2017 年，金融管理部门表示将持续推进网络借贷风险专项治理，继续就网络借贷、校园贷、首次代币发行（Initial Coin Offering，ICO）、现金贷等互联网金融业态出台监管政策。6 月 29 日，中国人民银行等 17 个部门联合印发《关于进一步做好互联网金融风险专项整治清理整顿工作的通知》，专项整治工作延期至 2018 年 6 月。2018 年 8 月，金融管理部门开启网络借贷合规检查，12 月下发《关于做好网贷机构分类处置和风险防范工作的意见》，明确了网贷行业清退转型的主基调。

表 3-1　《政府工作报告》有关互联网金融相关提法的变化

年份	有关互联网金融的相关提法
2014	促进互联网金融健康发展，完善金融监管协调机制
2015	促进互联网金融健康发展
2016	规范发展互联网金融，严厉打击金融诈骗、非法集资和证券期货领域的违法犯罪活动
2017	对不良资产、债券违约、影子银行、互联网金融等累积风险要高度警惕
2018	严厉打击非法集资、金融诈骗等违法犯罪活动，健全对影子银行、互联网金融、金融控股公司等监管

在金融管理部门的指导下，近年来网络借贷平台逐步开展稳妥、有序退出工作。2020 年 11 月 27 日，银保监会首席律师刘福寿表示，"互联网金融风险大幅压降，全国实际运营的 P2P 网贷机构到今年 11 月中旬完全归零"。网络借贷机构退出历史舞台引发舆论关注，媒体和专家肯定 P2P 清零"不仅是一场金融风险化解的'拆弹'行动，也是一次负责任的金融监管矫正"，呼吁做好收尾工作。此前，中国人民银行党委书记、中国银行保险监督管理委员会主席郭树清也强调，"出借人的资金还有 8000 多亿没回收，只要有一线希望，会配合公安等部门追查清收，最大程度上偿还出资"。郭树清同时表示，专项整

治工作可能年底就会基本结束，转入常规监管。在网络借贷机构退出江湖的同时，接力出台的《商业银行互联网贷款管理暂行办法》《网络小额贷款业务管理暂行办法（征求意见稿）》进一步加强金融监管，强化对借款人的保护，展现出政府引导互联网金融行业合规健康发展的决心。

3. 舆情点评

（1）相关部门把握舆情应对黄金时机，及时介入处置，化解突发金融事件造成的恐慌情绪。

首先，及时回应社会关切。如在部分互联网金融平台爆雷后，投资者最为关注的问题就是"对平台如何处置""投资的钱能要回吗"。对此，公安机关及时成立专项处置工作组，并根据调查情况适时通报案件进展，让投资者能够及时掌握相关信息。尤其是在情况通报之外，还上线了非法集资案件投资人信息登记平台，以实际行动安抚人心。与此同时，在开展互联网金融风险专项整治工作的同时，金融管理部门还联合媒体、专家，及时、有力地进行宣传和解读，避免负面舆论成为主流，影响行业长期发展。

其次，迅速发声化解谣言。由于相关事件调查和处置需要时间，在信息发布的空白期，部分相关投资者容易轻信谣言甚至参与传播，需要相关部门迅速发现并辟谣，防止谣言阻碍应对处置工作。如大大集团出现问题数月后，其母公司在网上发布招聘信息，引发社会公众对其"东山再起"的猜测，甚至流传集团高管被释放、公司重组的谣言。公安经侦部门及时察觉并公开辟谣，"未释放公司高管，并已关闭大大集团官网"。

（2）金融风险事件涉及面广、关联复杂，需要各相关部门通力配合、联合处置，有效化解金融风险。

在现代社会，金融行业在经济体系中居于核心地位，关系到每个人的切身利益；加上互联网的迅速发展和普及，"互联网＋金融"更是让金融的触角进一步深入到每个人的日常生活中。因此，当部分互联网金融平台出现风险后，牵涉的人群、关联的问题错综复杂，涉及的资金、人员规模巨大，其中往往还存在违规违法行为，仅靠某个部门难以有效应对，必须多个部门协调一致、联合处置。与此同时，在投资者迫切希望拿回资金、情绪容易波动的情况下，多个部门联合回应、表态，更能体现政府解决问题的决心和态度，增强相关投资者的信心，安抚投资者情绪，为后续处置工作减少阻力、创造条件。而在开展互联网金融风险专项整治工作过程中，各个部门之间的协调配合更为关键。从发布的文件来看，不论是专项整治行动的实施方案，还是针对互联网金融各个领域的监管政策，基本都是由几个甚至十几个部门联合发布。各部门各司其职，分工合作，才能够管好互联网金融的方方面面，不留死角。尤其是相关部门建立的部际联席会议机制，不仅为信息共享、联合处置提供了机制保障，还加强了各项政策措施出台力度、节奏方面的沟通协调，提升了金融监管工作的有效性，推动了长效监管机制的建立和完善，有效防范了违法违规互联网金融平台死灰复燃，为互联网金融行业合规发展创造了良好的政策环境。

（二）欧洲多国未能及时出台有力措施应对主权债务危机

对于一个国家来说，主权债务危机是最为严峻的经济金融风险之一。主权债务危机意味着国家信用面临破产倒闭的风险，一旦应对不当，无论是国家的经济发展，还是民众的生产生活，都将受到巨大冲击。在经济全球化的背景下，一个国家爆发主权债务危机，很容易向其他国家传导蔓延，冲击世界金融市场稳定，拖累全球经济增长。2009 年，以希腊债务危机为导火索的欧洲主权债务危机（以下简称欧债危机）拉开帷幕，并席卷欧洲多国，对金融市场和经济复苏造成严重打击。截至 2021 年，距离欧债危机爆发已有十余年，仍有部分欧洲国家未能摆脱债务风险的泥潭。

1. 事件概述

2009 年 10 月，希腊政府宣布 2009 年政府财政赤字和公共债务占国内生产总值的比重预计将分别达到 12.7% 和 113%，远超欧盟《稳定与增长公约》规定的上限（3% 和 60%），拉开了希腊主权债务危机的序幕。由于政府财政状况恶化，全球三大信用评级机构标准普尔（以下简称"标普"）、穆迪和惠誉于 12 月调降希腊主权信用评级，并在之后接连多次下调。危机爆发后，希腊通过出台财政紧缩方案、寻求欧盟与国际援助等方式凑钱还债；但整个过程颇为艰辛，不仅导致了银行挤兑，还引发了民众多次罢工示威，甚至希腊总理乔治·帕潘德里欧也引咎辞职。

然而，债务危机并没有被控制在希腊国内。2010 年起，葡萄牙、西班牙、爱尔兰、意大利接连陷入主权信用危机，和希腊一起被称为"欧猪五国"（PI-IGS），上述四国不仅在经济上陷入泥沼，其领导人也因应对不力，纷纷辞职、弃选。尽管 IMF 和欧盟出台了一系列的救助方案，但并未遏制债务危机向包括法国、奥地利、荷兰在内的欧元区核心成员国蔓延。受这场席卷欧洲、持续数年的主权债务危机影响，欧盟经济增长速度显著放缓，2008 年全球金融危机后全球经济复苏的前景也更为黯淡。

2. 事件发展过程及舆论焦点

（1）源头：希腊爆发主权债务危机。

2009 年 10 月，希腊政府宣布 2009 年政府财政赤字和公共债务占国内生产总值的比重预计将分别达到 12.7% 和 113%，超过欧盟《稳定与增长公约》规定上限 9.7 个和 53 个百分点。12 月，希腊副财长萨希尼迪斯在国会宣布，希腊国债高达 3000 亿欧元，创历史新高。财政恶化导致希腊主权信用评级接连遭遇下调。12 月 8 日，惠誉率先将希腊主权信用评级由"A－"降至"BBB＋"；16 日，标普也发布了降级报告，同时警告若财政状况短时间内得不到改善，可能会进一步下调评级；22 日，穆迪以希腊政府预算赤字膨胀为由，将希腊政府债券信用评级由"A1"级降至"A2"级。然而，希腊政府未能及时扭转财政状况，随着债务危机不断恶化，希腊主权信用评级被三大评级机构陆续下调至"垃圾级"。

从图 3 - 10 可以看到，希腊主权信用评级在短短两年时间中从"A"级降至"C"级，再加上评级机构对希腊应对危机的举措和救助计划态度以悲观为主，"展望负面""可能进一步下调""存在违约风险"等观点持续被媒体广泛报道，引发国际舆论看空希腊债务危机前景。这进一步加剧了市场恐慌，投资者避险情绪大幅升温，对希腊的金融市场造成冲击。例如，2009 年 12 月 8 日，惠誉打响降级"发令枪"，希腊股市应声大跌 6%，欧元兑美元价格大幅下滑。更为严重的是，主权信用评级降低导致希腊政府的借贷成本大幅提高，穆迪将

2019年12月	• 惠誉、标普将希腊主权信用评级由 "A–" 降至 "BBB+" • 穆迪将希腊主权信用评级由 "A1" 降至 "A2"
2010年4月	• 标普将希腊主权信用评级由 "BBB+" 降至 "BB+"（垃圾级） • 惠誉将希腊主权信用评级由 "BBB+" 降至 "BBB–" • 穆迪将希腊主权信用评级由 "A2" 降至 "A3"
2010年6月	• 穆迪将希腊主权信用评级由 "A3" 连降至 "Ba1"（垃圾级）
2011年1月	• 惠誉将希腊主权信用评级由 "BBB–" 降至 "BB+"（垃圾级）
2011年3月	• 穆迪将希腊主权信用评级由 "Ba1" 降至 "B1" • 标普将希腊主权信用评级由 "BB+" 降至 "BB–"
2011年5月	• 惠誉将希腊主权信用评级由 "BB+" 降至 "B+" • 标普将希腊主权信用评级从 "BB–" 降至 "B"
2011年6月	• 穆迪将希腊主权债务评级由 "B1" 降至 "Caa1"
2011年7月	• 标普将希腊主权信用评级由 "B" 降至 "CCC" • 惠誉将希腊主权信用评级由 "B+" 降至 "CCC" • 穆迪将希腊主权信用评级由 "Caa1" 降至 "Ca" • 标普将希腊主权信用评级由 "CCC" 降至 "CC"
2012年2月	• 惠誉将希腊主权信用评级由 "CCC" 降至 "C"（最垃圾级）

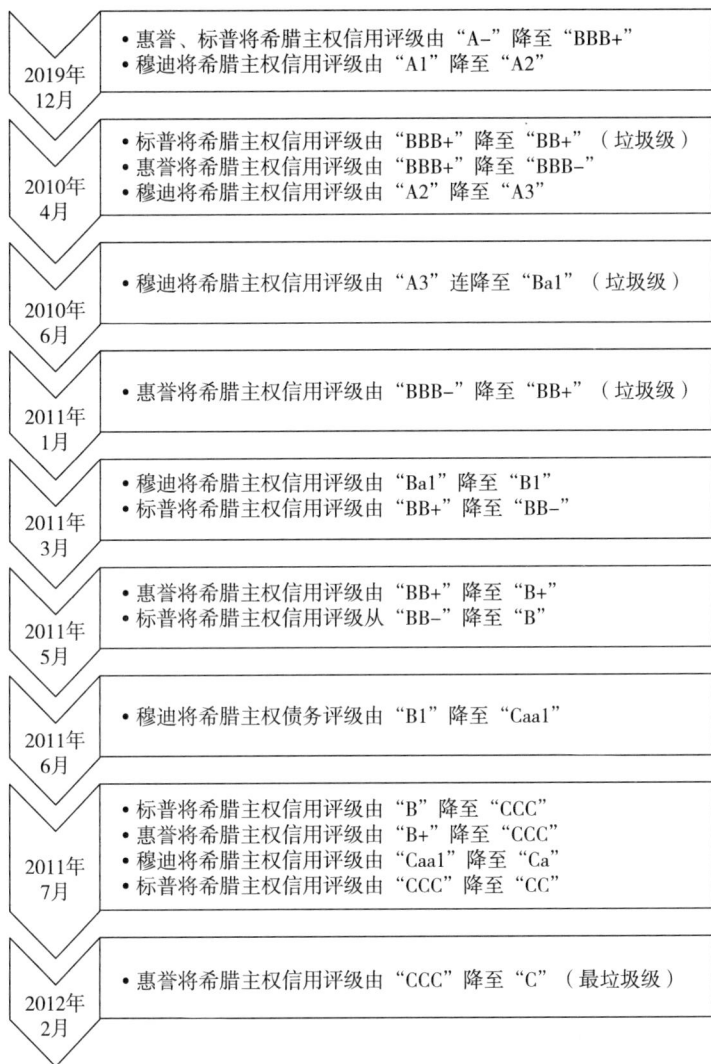

图 3–10　全球三大评级机构下调希腊主权信用评级时间表

资料来源：根据互联网相关报道统计整理。

希腊评级从 "A2" 下调至 "A3" 的当日，希腊 10 年期国债收益率一度超过 8.7%，创有史以来最高水平。政府融资成本剧增，堵死了希腊政府通过市场化方式借旧债还新债的道路。为了应对危机，希腊政府只能采取 "对外求援、对内紧缩"的措施。

在惠誉下调希腊主权信用评级后，希腊政府表态将制定新的财政预算、削减开支计划，并在随后几年内陆续推出数轮紧缩计划。然而，以增加税负、削减薪资和养老金为主要手段的财政紧缩政策导致希腊国内民众的反对，甚至引发多起全国规模的罢工和示威游行。对外求援之路也并非坦途。早在希腊政府爆出 3000 亿欧元债务时，欧洲中央银行并未及时采取措施。欧洲央行管委会成员兼奥地利央行行长诺沃特尼甚至表示，欧元区国家没有拯救希腊的计划，并强调这不是欧洲央行的工作，欧盟协议中没有"拯救原则"。

2010 年 4 月 23 日，时任希腊总理帕潘德里欧表示，已正式向欧盟和 IMF 提出援助请求。5 月，欧元区各国政府和 IMF 通过规模为 1100 亿欧元的第一轮救助计划，并对希腊提出了财政紧缩要求。但由于希腊未能按期实现紧缩目标，第一轮救助计划的第五笔拨款迟迟未拨付，直到希腊再度出台新一轮财政紧缩计划，救助方才于 2011 年 7 月希腊偿债高峰来临时支付这笔"救命钱"。然而，第一轮救助计划的效果并不显著，希腊的债务水平仍在持续恶化，公共债务占国内生产总值的比例从 2010 年第三季度的 139% 升至 2011 年第三季度的 160%；GDP 增速也从 2010 年的 − 4.5% 进一步下滑至 2011 年的 − 6%。

由于化解危机未见起色，2011 年年中，欧盟就第二轮救助希腊的方案进行磋商。但因欧元区内部针对救助计划的具体形式分歧较大，德国、法国提出的自愿债务延期方案未获欧洲央行肯定和欧元区其他成员国明确表态，原定于 2011 年 7 月 11 日讨论的第二轮救助方案被推迟。在这一重要时点，三大评级机构于 7 月接连下调希腊主权信用评级，穆迪还警告"希腊违约可能性几乎为 100%，将对第二轮救助方案中的私人部门债权人造成重大损失"，引发国际舆论对向希腊"二次输血"的担忧，认为这项救助措施不仅难以扭转乾坤，还存在道德风险和执行风险。直到 2012 年 2 月 21 日，欧盟委员会主席容克最终宣布，欧元区 17 国财长就总额 1300 亿欧元的第二轮希腊救助计划达成一致，但相关计划还需得到欧洲各国议会的最后批准。

为了获得救助，希腊不得不执行援助方提出的"财政紧缩疗法"，但多数民众宁愿违约也不愿意紧缩。2011 年 11 月，希腊总理帕潘德里欧宣布辞职，后续希腊数次组阁也均告失败，国际舆论关于希腊退出欧元区的担忧明显升温。2012 年 5 月，希腊最后一次组阁再度宣告失败，银行出现挤兑。据希腊总统帕普利亚斯透露，仅 5 月 15 日当天，提款和流出的资金规模可能达到 8 亿欧元。雪上加霜的是，欧洲央行 5 月 16 日表示，因未能成功实施资本重组，已停止向部分希腊银行提供流动性。

2015 年 1 月 25 日，以"反紧缩"为纲领的希腊左翼运动联盟党上台。由于迟迟未能提出令人满意的改革计划，以满足再次获得救助的条件，2 月，希腊与国际债权人的谈判陷入僵局，再度冲击市场情绪。期间，希腊储户从银行账户提取的存款规模达 76 亿欧元，致使希腊银行存款减少至 1405 亿欧元，为 10 年内最低水平。6 月 27 日，希腊总理齐普拉斯拒绝国际债权人提出的改革方案和救助计划，并提出于 7 月 5 日就是否接受方案举行全民公投。公投消息引发了全民挤兑风潮，仅 6 月 27 日，希腊全国超 1/3 的自动取款机被取空，约 6 亿欧元现金被提走。银行流动性紧缩让希腊不得不实施资本管制，银行、雅典证券交易所均被关闭。7 月 5 日，公投结果出炉，多数公民反对接受"以改革换资金"，有关"希腊违约""银行破产""退出欧元区"的担忧声音进一步升温，民众扎堆领取养老金。为寻求第三轮援助，齐普拉斯 10 日提交新的改革计划，其中包含多项 5 日公投之中被否决的内容。8 月 14 日，欧元区 19 国财长批准了总额达 860 亿欧元的第三轮救助协议。

经过数年努力，2018 年 6 月，欧元区 19 国财长就希腊债务危机救助计划最后阶段实施方案达成一致。同年 8 月 20 日，希腊正式退出救助计划。尽管希腊主权债务危机在名义上就此结束，但近 9 年的经济衰退和紧缩措施让希腊的企业和民众都遭受巨大损失。

（2）升级：葡萄牙、西班牙、爱尔兰、意大利接连陷入主权债务危机。

继希腊债务问题浮出水面后，葡萄牙也在 2009 年 11 月 9 日宣布 2009 年财政赤字占 GDP 的比重从原来的 5.9% 上调至 8%，并获得穆迪调降信用评级的警告。与此同时，西班牙政府表示，2009 年财政赤字达到 GDP 的 11.4%，超出预期。作为欧元区大国的西班牙，财政陷入危机引发了欧盟和国际机构对其步希腊后尘的关注和担忧。在经济动荡背景下，评级机构接连下调葡萄牙、西班牙信用评级，2010年3月24日，惠誉将葡萄牙的主权信用评级由"AA"下调至"AA－"；4月底，标普将葡萄牙主权信用评级由"A＋"降至"A－"，将西班牙的主权信用评级由"AA＋"降至"AA"。这一有关债务危机蔓延的"暗示"让全球市场陷入恐慌，西班牙信用降级的消息让欧元一度触及2009年4月以来的最低水平。

为了稳定市场，遏制危机扩散，欧盟与IMF在2010年5月10日共同推出了总额高达7500亿欧元的危机应对基金，并计划买入欧元区政府债券。远超市场预期的"欧盟史上最大规模经济救助计划"给连续大幅下跌的市场提供了有力支持，但规模庞大的措施在欧盟国家内部仍存在诸多争议。例如，作为欧元区国家的"经济火车头"，德国民众对政府出巨资救助危机国表示不满；而作为接受救助的希腊等国民众，则对国际债权人提出的紧缩计划表示反对；部分非欧元区国家也对救助机制提出异议，时任英国首相卡梅伦就曾表态，不会同意任何对欧元展现进一步支持的协议。

欧盟内部的诸多分歧和危机国糟糕的经济状况，让国际舆论对巨额救助方案的效果持谨慎态度，而评级机构再度发出悲观论调，给好不容易稳定的市场信心又泼上一盆冷水。2010年5月，7500亿欧元救助计划出台，但穆迪仍将葡萄牙Aa2级主权信用评级列入负面观察名单，并提出有可能下调两档评级的警告；月底，惠誉宣布将西班牙的主权评级从"AAA"下调至"AA＋"。这一系列举动令欧元在6月初创下2006年3月以来的最低水平。7月13日、19日，穆迪接连下调葡萄牙、爱尔兰的评级，引发了市场对西班牙、意大利等债务大国评级再被下调的强烈担忧。9月30日，爱尔兰宣布，因救助本国五大银行最高或耗资500亿欧元，财政赤字可能将骤升至GDP的32%，爱尔兰债务危机就此爆发。11月21日，爱尔兰政府向欧盟和IMF提出援助请求，并于11月28日获得850亿欧元救助，成为继希腊之后第二个出现债务危机的欧元区成员国。与此同时，葡萄牙的情况不容乐观，2011年3月，惠誉、标普接连下调葡萄牙信用评级，令其金融状况恶化。4月6日，葡萄牙向欧盟寻求援助，并于5月16日获批780亿欧元救助方案，成为欧债危机中倒下的第三个欧元区成员国。直到 2013 年、2014 年，爱尔兰、葡萄牙陆续宣布退出国际救助计划，其国内的债务危机才画上句号。

相比爱尔兰和葡萄牙，债务危机在意大利、西班牙这两个欧元区大国的持续发酵让欧盟乃至国际市场更为担忧。在欧元区国家中，意大利的公共债务占 GDP 的比重仅次于希腊，债务风险高企。2011 年 7 月，意大利金融市场大幅动荡，其 10 年期国债收益率升至 5.28%，创下近 10 年最高水平，与德国国债的利差也创下纪录新高，令意大利本就吃紧的债务情况雪上加霜。债务阴云下，意大利参议院于 7 月 14 日通过了总额 700 亿欧元的财政紧缩法案，欧洲央行也在 8 月出手购买意大利国债以稳定市场。但相关手段并未阻止意大利国债收益率一路走高。2011 年 11 月 8 日，意大利总理贝卢斯科尼辞职；次日，意大利 10 年期国债收益率升至 7.48%，创 1997 年以来最高纪录。不少人士分析认为，7% 是欧债危机中各国国债收益率的"生死线"，突破这一水平意味着意大利难以负担高额的融资成本。由于财政状况不佳，三大评级机构也接连下调意大利主权信用评级，2014 年底，标普将意大利主权信用评级降至"BBB－"，仅比"垃圾级"高一级。

在西班牙，债务危机的导火索是金融危机背景下的房地产泡沫破裂。随着房地产泡沫破裂，西班牙经济陷入严重衰退，失业率也迅速超过 20%，高居欧盟首位，越来越多领取救济的失业人口加剧财政支出压力。但更为关键的是，房地产泡沫破裂在银行系统产生了巨额呆坏账，西班牙银行的不良率大幅上升。为了救助银行，西班牙政府的债务也大幅增加。随着债务危机持续升级，西班牙政府和银行业的评级不断遭到下调。2012 年，债务危机在西班牙全面爆发。西班牙银行坏账率从 2006 年 12 月的 0.72% 上升至 2012 年 8 月的 10.5%，创下历史新高，多家"问题银行"告急，向政府申请救助。与此同时，银行挤兑、资金外流现象也颇为严峻。据西班牙中央银行数据显示，2012 年 1~5 月流出的资金约为 1630 亿欧元，其中仅 5 月流出的资金就高达 413 亿欧元，比 2011 年同期翻了两番。面对严峻的形势，此前迟迟不愿向欧盟提出救助申请的西班牙政府在 2012 年 6 月为该国银行业申请了 1000 亿欧元的援助贷款，整个救助计划持续至 2014 年 1 月。

在银行业危机爆发的同时，西班牙的债务危机还向地方政府蔓延。2012年3月底以来，西班牙10年期国债收益率快速上升，并一度突破6%的关口，一些地方债的等级甚至跌至垃圾级，市场化融资的渠道几乎已被关闭。因融资困难，地方政府相继向中央政府求援。截至2012年10月，已有8个自治区向中央政府申请救助。银行和地方政府的救助请求、高昂的市场融资成本，对西班牙政府控制财政赤字造成了巨大压力。2012年，西班牙公共政府债务增长20.1%，达到8844.16亿欧元，占GDP的84.1%，创历史最高水平。西班牙主权信用评级也被标普从"BBB＋"下调至"BBB－"，仅比垃圾级高出一级。但西班牙仍在是否向欧盟提出全面救助申请的问题上一拖再拖。时任欧盟委员会副主席华金·阿尔穆尼亚等呼吁西班牙政府早日就是否提出全面救助申请做出决定，否则拖延申请造成的不确定因素将带来"高风险"。

（3）蔓延：债务危机席卷法国、奥地利、荷兰等欧元区核心经济体。

相较于债务指标本就不佳的葡萄牙、意大利等国，一些经济表现较为稳定的欧元区核心成员国也未能躲过欧债危机的影响。2010年5月30日，法国预算部长弗朗索瓦·巴鲁安坦言，必须制定并切实执行改革和削减赤字的计划，否则法国的"AAA"主权信用评级可能面临下调。2011年，IMF就欧债危机对法国经济带来的外部风险发出警告。同年6月，法国政府数据也显示，其公共债务占GDP的比重已上升至85.4%，超出欧盟《稳定与增长公约》规定上限25.4个百分点。与此同时，截至2010年底，法国最大的四家银行持有希腊、葡萄牙、爱尔兰、意大利和西班牙的债务共计3000亿欧元。这些国家债务违约风险高企，对法国银行体系的稳定性构成挑战。基于相关担忧，穆迪在2011年6月将3家法国银行纳入降级观察名单，又在同年10月发布有关"法国主权债务状况恶化"的报告。市场担忧情绪随之升温，11月17日，法国10年期国债收益率攀升至3.81%，与德国同期国债收益率之差扩大至204个基点，创下欧元面市以来最高纪录。

随着危机不断发酵，"降级风暴"开始席卷整个欧洲。2011年11月25日，标普将比利时主权债务评级由"AA＋"下调至"AA"。11月28日，穆迪再度发声，表示欧债危机正在威胁欧洲全部主权国家的信用情况，即使"AAA"（最高评级）的德国、法国、奥地利和荷兰也面临危险。12月5日，标普表示主权债务危机正对欧元区最稳固的经济体造成影响，并将德国、法国、荷兰等15个欧元区国家纳入信用评级观察名单中；并在随后两天陆续将欧盟、欧洲金融稳定工具（European Financial Stability Facility，EFSF）以及包括德意志银行、法国巴黎银行在内的多家欧洲大银行的信用评级纳入负面观察名单。2012年1月13日，标普下调9个欧元区国家主权信用评级，其中法国、奥地利由"AAA"降至"AA"，葡萄牙、意大利和西班牙更是连降两级。4月，惠誉再对欧元区四个维持"AAA"评级国家之一的荷兰发出警告，可能视削减赤字谈判的结果决定是否下调荷兰评级。由于国内政党之间的削减赤字谈判破裂，荷兰首相及其率领的内阁集体辞职。6月，穆迪下调荷兰5家银行评级，7月再将荷兰主权信用评级的展望调至负面。

机构持续下调欧元区国家评级加重了市场和舆论的忧虑情绪。时任欧盟委员会主席巴罗佐也表示，欧洲仍未找到解决欧债危机的办法。有关欧债危机"重症难医"的舆论不断蔓延，甚至出现了"欧元区解体"的猜测。在导致欧洲经济衰退的同时，欧债危机也令2008年金融危机后的全球经济复苏变得更加艰难。IMF、世界银行等国际机构多次发布报告称，欧债危机拖累全球经济增长，并下调全球经济增速预期。

所幸的是，经历多年的财政紧缩和经济救助，欧洲经济逐渐迎来复苏。但由于欧洲多国的债务水平居高不下，不少专家学者发出"债务风险仍未走远"的警告。尤其是2020年为抵御新冠疫情冲击，各国均大幅增加财政支出。据IMF数据显示，截至2020年7月，全球发达经济体债务已升至全球GDP的128%，为"二战"以来最高水平。欧盟统计局数据显示，欧洲多数国家债务率已超过2009年末欧债危机发生初期的水平，其中希腊政府债务率接近200%，意大利、葡萄牙、比利时、法国和西班牙均超过100%。考虑到2020~2021年多个欧洲国家将迎来主权债务的偿债高峰，债务负担持续加重也引发了舆论对欧债危机卷土重来的担忧。

3.舆情点评

（1）信用评级机构持续下调相关国家主权评级，加剧市场悲观情绪，增加应对欧债危机的难度。

一个国家的主权信用评级代表了对其债务风险的综合评价，是投资者决策的重要参考，也对一个国家的市场化融资能力有着重要影响。欧债危机爆发后，三大评级机构陆续下调相关国家的主权信用评级。信用评级下调，一方面反映了相关国家的主权信用情况和债务风险，另一方面在客观上也推动形成了风险恶化—评级下调—预期悲观—风险进一步恶化的恶性循环，一定程度上对债务危机产生了推波助澜的影响，加剧了国际舆论和投资者的悲观情绪，进一步削弱了相关国家应对危机的能力，增加了应对危机的难度。从希腊、葡萄牙等国信用评级下调的过程来看，标普、穆迪、惠誉三大信用评级机构常常在同月甚至同日宣布降级决定或发出前景负面的警告。这种"抱团降级""轮番降级"大大加剧了市场的悲观预期。例如，针对本国主权信用评级被下调，希腊政府多次发出"能战胜危机"的表态，都未能被市场接受和认可。而"希腊经济即将破产"等舆论在互联网上流传和扩散，甚至连希腊政府对降级的批评也被舆论解读为"意味着前景艰难"。与此同时，三大评级机构的多次降级决定在救助方案出台等重要节点发布，削弱了市场对相关国家有效应对处置债务危机的信心，影响了救助措施的效果。例如，欧盟委员会负责经济与货币事务的委员奥利·雷恩就曾批评穆迪在欧盟、IMF和希腊展开新一轮会谈之际再次下调希腊主权债务评级"不合时宜"。

（2）协调联动工作机制不顺畅，欧盟内部分歧明显导致救助措施出台缓慢，加速债务危机蔓延国。

面对多国主权债务危机的扩散和蔓延，欧盟未能建立有效的协调联动工作机制，及时、迅速地协调各成员国之间有关"是否救助""如何救助"的诸多分歧。尤其是在市场风声鹤唳的情况下，各国分歧导致救助磋商难有进展，进一步加剧了市场悲观预期。例如，2011年6月14日，欧元区财长举行紧急会议讨论对希腊进行二次救助，但因分歧过大未能取得实质性进展，随后希腊、爱尔兰和葡萄牙等国国债收益率飙升至欧元问世以来的最高水平，凸显市场恐慌情绪升温。尽管欧元区成员国在7月峰会上就第二轮援助希腊方案艰难达成一致，但相关方案还需和希腊达成共识，并获得各国议会批准后才能生效。直到 2012 年 2 月 21 日，欧元区 17 国财长才决定批准总额为 1300 亿欧元的第二轮救助计划。2011 年 6 月至 2012 年 2 月，在反复讨论第二轮救助方案的半年多时间里，希腊主权信用评级接连遭到调降，跌落至最垃圾级。类似情况在扩大欧洲金融稳定基金、构建永久性救助机制等问题上也反复出现。舆论认为，欧盟、欧洲央行等机构未能实现有效协调联动，在第一时间出台救助方案，步调一致开展债务危机应对处置工作，造成市场恐慌、悲观情绪加剧蔓延，丧失应对处置的最佳时机，导致危机不断扩散、恶化，给相关国家和全球经济造成巨大冲击。

（3）缺乏切实有效的处置方案和应对措施，未能扭转危机持续蔓延的趋势。

主权债务危机伴随着经济状况恶化、失业率上升、居民财富缩水。为了应对债务危机、获得国际救助资金，债务危机国家采取的财政紧缩政策，如降低薪水、增加税费、削减养老金等涉及民众切身利益的措施引发民众的反对和质疑。面对债务危机，欧盟、欧洲央行和相关国家政府不仅未能采取有力措施疏导舆论，而且未能出台系统全面、切实有效的应对处置方案，造成无力扭转债务危机不断恶化的局面，政府公信力受到质疑。

三、宣传解读环节的典型案例

（一）中国人民银行解读人民币汇率改革

汇率是货币之间兑换的比率，对进出口贸易有着直接的影响，也是重要的金融工具，汇率稳定是国家金融安全的核心支柱。大致而言，我国人民币汇率经过在固定汇率、钉住汇率制度、双重汇率制度、紧盯美元、浮动汇率制、"8·11 汇改"之后，形成了沿用至今的"收盘汇率＋一篮子货币汇率变化"，总体而言，我国汇率改革工作稳步推进，实现了预期目标，这与中国人民银行等金融管理部门就人民币汇率改革政策开展有效的宣传解读密不可分。

1. 事件概述

1972 年之前，我国实行计划经济体制，人民币汇率处于基本稳定状态。1973～1978 年，人民币实行盯住一篮子货币的"钉住汇率制度"。为了应对大幅贬值带来的冲击，1978 年 12 月，人民币试行汇率双轨制，人民币在境内使用，外国人必须使用外汇兑换券。1981～1984 年，我国处于人民币内部结算价和官方汇率并存的双重汇率制度时期。1985～1992 年，内部结算价被取消，转而实行官方汇率和外汇调剂市场汇率并存的制度，由于官方汇率和外汇调剂市场汇率之间存在差额，因此形成了巨大的外汇套利市场。为此，1994 年 1 月，中国废除汇率双轨制度，将官方汇率与外汇调剂价并轨。1997～2005 年，人民币汇率紧盯美元，汇率在 8.27～8.28 波动。

2005 年 7 月 21 日，中国正式宣布实行浮动汇率制度。人民币汇率制度由原来盯住美元，转变为以市场供求为基础、参考一篮子货币进行调节、有管理的浮动汇率制度。人民币兑美元汇率每交易日波动幅度为 ±0.3%，2007 年 5 月，波动幅度进一步扩大至 ±0.5%。此次人民币汇率改革被称为"7·21 汇改"。

2015 年 8 月 11 日，央行宣布调整人民币对美元汇率中间价报价机制，做市商参考上日银行间外汇市场收盘汇率，向中国外汇交易中心提供中间价报价，形成"收盘汇率＋一篮子货币汇率变化"机制的人民币中间价定价机制，此次汇率改革被称为"8·11 汇改"。

2. 事件过程及舆情

（1）1994 年汇改拉开了人民币汇率市场化改革的序幕。

1993 年 11 月 14 日，党的十四届三中全会通过的《中共中央关于建立社会主义市场经济体制若干问题的决定》中明确要求，"改革外汇管理体制，建立以市场供求为基础的、有管理的浮动汇率制度和统一规范的外汇市场，逐步使人民币成为可兑换货币"。这为进一步改革外汇管理体制明确了方向。1994 年初，随着人民币汇率并轨，我国确立了以市场供求为基础的、单一的、有管理的浮动汇率安排。"单一的"指的是相对于并轨前境内官方汇率与外汇调剂市场汇率并存的双重汇率而言，并轨后境内所有外汇交易都使用市场汇率。并轨后，人民币兑美元汇率随之从原先的5.7贬至8.7，并在之后的十年里维持在8.3左右的水平。人民币兑美元汇率不仅没有大幅贬值，反而稳中有升，我国外汇储备持续增加。至1997年底，人民币汇率较1994年并轨之初累计升值5.1%，我国外汇储备从1993年的211.99亿美元上升到2005年的8188.72亿美元，满足了国际货币基金组织和世界贸易组织关于汇率制度安排的一般要求，为1996年底实现人民币经常项目完全可兑换和2001年底中国加入世贸组织扫清了重要障碍。这一阶段有关汇率改革的宣传报道，多数是对汇改工作进行梳理、回顾，向社会公众宣传解读我国汇改的成果和重要意义。

（2）"7·21汇改"：中国汇率市场化改革再次起航。

2005年7月21日，人民币汇率制度由原来盯住美元，转变为"以市场供求为基础、参考一篮子货币进行调节、有管理的浮动汇率制度"。"7·21汇改"后，人民币兑美元汇率稳步升值，从2005年的8.0大关一路升值到2014年1月的6.0大关。

为稳妥推进汇率改革工作，中国人民银行积极主动做好宣传解读工作。2005年7月21日，新华社记者就人民币汇率形成机制改革有关问题采访了中国人民银行新闻发言人。央行发言人就我国汇率制度的历史与现状、进行完善人民币汇率形成机制改革的原因、完善人民币汇率形成机制改革的主要目标和原则、新的人民币汇率形成机制的内容和特点等问题进行了回答。央行新闻发言人代表央行向社会公众披露相关信息，有很强的权威性，将金融管理部门的态度立场传递给公众，很好地消除了公众疑惑，保障了公众的知情权，有效引导了社会公众预期。通过新华社作为汇率改革的信息公开渠道，大大提升了宣传解读内容的权威性和可信度，而在互联网上发布采访全文，扩大了受众范围，有效地向公众传递了相关信息。

2005年7月23日，时任中国人民银行行长周小川接受中央电视台《焦点访谈》节目专访，详细阐述了人民币汇率机制改革的方针、原则、核心内容以及影响。周小川称，人民币汇率改革的实施本着主动性、可控性、渐进性的原则，是"很有艺术性的"。改革的目标是实行以市场供求为基础的浮动汇率，让市场发挥更大作用。周行长的讲话，向市场和公众明确传达了汇率改革的目标、原则和核心内容，为后续推进和完成汇改工作奠定了基础。

2010 年 6 月 20 日，中国人民银行官网发布消息称，根据国内外经济金融形势和我国国际收支状况，中国人民银行决定进一步推进人民币汇率形成机制改革，增强人民币汇率弹性。中国人民银行新闻发言人就此答记者问，对 2005 年汇改的评价是"取得了预期效果"，重申此次进一步改革"重在坚持市场供求为基础"，并正面回答了"如何将汇改可能带来的负面冲击最小化"等舆论关注的问题，明确表示需要"因势利导、趋利避害，力求使可能发生的负面影响最小化"。

宣传解读最重要的是有清晰的事实、客观的描述。国外一直指责我国为货币操纵国，央行金融研究所等机构的研究用数据和事实对此进行有力的回击。自 2005 年起，中国人民银行定期出版《中国金融稳定报告》，对我国金融体系的稳定状况进行全面评估。对人民币汇率改革宣传解读的方向朝着人民币汇率制度开始向真正的浮动汇率制度迈进。2015 年 7 月，在"7·21 汇改"十周年之际，部分境外媒体发文评价中国汇改十年成就。2005 年 6 月底以来，人民币兑美元、欧元与日元分别升值了 26%、32% 与 34%，人民币的名义与实际有效汇率更是分别升值 46% 与 56%。境外媒体认为，汇改纠正了人民币汇率的持续低估，使中国的内外资源配置更加均衡。随着人民币汇率的显著升值，中国的国际收支失衡已经显著缓解。可见，我国汇改工作在国际上也得到了一定认可。

（3）"8·11 汇改"：调整人民币汇率中间报价机制。

2015 年 8 月 11 日，中国人民银行宣布，调整人民币对美元汇率中间价报价机制，做市商参考上日银行间外汇市场收盘汇率，向中国外汇交易中心提供中间价报价，形成"收盘汇率 + 一篮子货币汇率变化"机制的人民币中间价定价机制。国际货币基金组织一位高级官员称，中国近期对人民币汇率管理做出的调整，或使中国"很接近采取浮动"汇率机制。2014 年至今，人民币呈现双向波动的走势（见图 3 - 11）。

此次汇率制度改革主要包含两个维度：一是增强汇率浮动的弹性，二是强化汇率中间价的市场化形成机制。中国人民银行行长助理张晓慧在 2015 年 8 月 13 日召开的关于完善人民兑美元汇率中间价报价的吹风会上表示，选择当前窗口进行汇改，和 7 月货币信贷数据意外跳升有关系。中国人民银行行长易纲回答了《香港商报》、英国《金融时报》等媒体的提问。通过回答媒体的提问，央行不回避困难、摆出事实、表明信心，围绕公众关心的热点话题，回应了是什么、为什么、怎么办的问题，增强了社会共识，向公众传达出国家进行金融改革的决心。

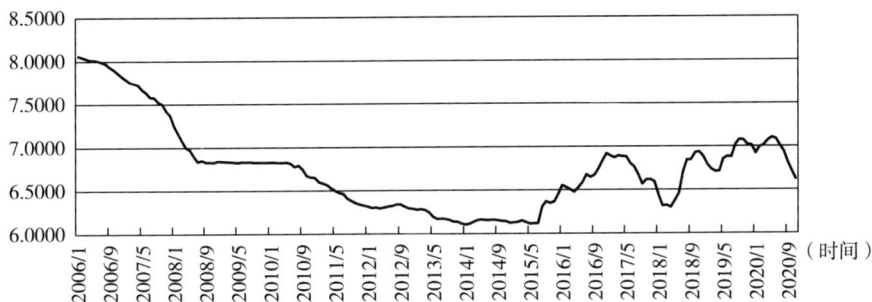

图 3－11　2006～2020 年人民币对美元汇率波动

资料来源：中国外汇交易中心网站。

"8·11 汇改"之后，市场出现了一定波动，人民币汇率进入了近一年半的贬值区间。央行直面困难和挑战，积极提出应对方案，向市场传达真诚、主动的态度，及时调整汇率中间价形成机制以稳定市场。2016 年 2 月，央行正式发布新的人民币汇率中间价的定价公式，即"中间价 = 上一交易日收盘价 + 一篮子货币汇率变化"。

传统权威媒体是社会公众最为信赖的信息来源。为了做好宣传解读工作，金融管理部门除了在互联网上发出声音，还要积极拓展宣传途径和渠道，善于借助外力。2015 年，既是"8·11 汇改"的元年，也是"7·21 汇改"十周年。在汇率改革的重要时间节点，"完善"成为宣传报道的主基调。《上海证券报》等多家媒体聚焦我国汇改成效，其间人民币兑美元汇率在经历了一年多的贬值后，贬值压力有效释放，2017 年以来人民币汇率企稳回升，打破了持续贬值预期。人民币汇率的双锚机制也逐渐确立和完善，汇率重返功能本位，打开了人民币国际化和中国金融开放的新局面，从根本上防范了重大汇率风险，避免了系统性金融风险的爆发。

境外媒体对于我国汇率改革的宣传引导工作也给予了积极评价。如英国《金融时报》称，2017 年开始，得益于预期管理的成效和人民币基本面的改善，人民币兑美元汇率击溃"破7"妄念，重回稳定运行的长期轨道。英国路透中文网称，坚定看跌人民币的企业也越来越少，汇改打破了持续贬值预期。

3. 事件解读

（1）迅速及时回应舆情热点，营造良好氛围。

金融网络舆情的主体多样，预期也多元化，金融热点事件往往在网络中形成纷繁多样的声音。在历次的人民币汇率改革中，央行作为主要的政策制定者，在汇改政策出台后都会第一时间发声，解读政策背景、实施计划。官方发声往往能迅速给市场舆论环境定下主基调。例如，在 2019 年人民币汇率"破7"的事件中，央行迅速回应。中国外汇交易中心数据显示，2019 年 8 月 5 日 9 时 15 分出炉的人民币对美元中间价跌穿 6.92 关口，是 2018 年 12 月以来人民币对美元中间价首次跌破 6.90 关口，9 时 16 分左右，离岸人民币对美元汇率跌破 7.0 关口，最低贬值至 7.0438。在岸人民币开盘后，也随即跌破 7.0 关口，最低贬值至 7.0424。在离岸、在岸人民币兑美元汇率相继"破7"后，央行迅速表态称"正常"。8 月 5 日，中国人民银行有关负责人就人民币汇率相关问题回答了《金融时报》记者提问，第一时间向市场表达监管部门的态度。

做好金融网络舆情相关宣传工作，不仅是在政策出台后第一时间发声，也可以在政策出台前酌情向媒体和市场"吹风"。2005 年，在十届全国人大三次会议记者招待会上，时任国务院总理温家宝在回答记者提问时表示，中国的汇率改革从 1994 年开始从未有停止，"这项工作我们正在制定方案，何时出台、采取什么方案，可能是一个出其不意的事情"。这被专家和媒体视为提前向市场打招呼，改革方案已经准备好，正在寻找合适的时机推出，为之后的政策推出做好了心理预期建设。

（2）做好内容建设，宣传解读有理有力。

在历次的汇率改革过程中，都会出现一些疑惑、担忧的杂音。为了回应这些问题，央行等部门多次发声，回应社会关切。例如，央行自2005年开始，每年发布《中国金融稳定报告》，向市场传达权威客观公正的声音，相关内容被多家主流媒体报道和引用，真实客观的数据驱散了市场上各种不实信息，铲除了谣言滋生的土壤。在汇改的重要时间节点上，央行发布文章总结、梳理政策阶段性成果，不说空话套话，用事实和数据清晰简洁地宣传我国汇率改革取得的显著成果。2011年10月，中国人民银行金融研究所发布《人民币汇率形成机制改革进程回顾与展望》。统计数据表明，2005年7月汇改以来，人民币对美元双边汇率升值30.2%，人民币名义和实际有效汇率分别升值13.5%和23.1%。经常项目顺差与GDP之比在2007年达到历史最高点的10.1%后明显回落，2010年为5.2%，2011年上半年进一步下降至2.8%。这些事实和数据充分说明，人民币汇率正逐渐趋于均衡合理水平。

同时，对于人民币汇率改革过程中遇到的一些困难和挑战，中国人民银行采取主动真诚的态度，客观分析原因，提出切实可行的措施办法，不推诿、不回避的姿态赢得了市场的赞誉，消除了公众的担忧，稳定了市场情绪，为最大程度凝聚共识、完善人民币汇率形成机制、持续深化金融改革创造了良好的舆论环境。例如，针对"8·11汇改"后市场出现的波动，央行多次通过主流媒体发布报告和有深度的新闻报道，用事实引导舆论回归理性。

（3）多方协调联动，形成宣传合力。

人民币汇率改革涉及面广，社会关注度高，除了由金融管理部门进行直接解读，还可以发挥各种媒体的力量，开展宣传解读、回应各方关切。例如，2019年8月5日，中国人民银行有关负责人就人民币汇率相关问题回答了《金融时报》记者提问，就公众最为关心的"人民币汇率为何'破7'？""人民币汇率'破7'后走势会如何？""人民币汇率'破7'对企业和居民有何影响？"三个公众最为关切的问题进行了回应。央行在回应中表示，"破7"是市场供求和国际汇率市场波动的反映，是浮动汇率制的应有之义，并从历史发展的角度进行纵向比较，对汇率波动进行回溯，将汇率水平比作水库的水位，有高有低是常态；从国家之间的角度进行横向比较，证明人民币是国际主要货币中最强势的货币。通过这一系列的回答，既表明了我国一以贯之的以市场为基础的汇率政策取向，也传递了人民币汇率仍将继续保持强劲的信号。

值得注意的是，作为向社会公众发布的新闻稿，没有使用大段专业术语，而是采用通俗易懂、简洁明了的语言，以便广大公众易于理解和接受。对于人民币汇率"破7"后的走势，央行仍然强调，长期看基本面，短期看市场供求，这是对国际市场公认的原理再次确认，并进一步强调我国经济基本面良好，同时表明央行有丰富的经验和政策工具应对汇率波动，向市场传递出积极正面、事实求是的态度。对于人民币汇率后续的变化，央行既不夸大也不回避，表示汇率波动是正常的现象，盯住数据不如专注"实体业务"，"不要把过多精力放在投机汇率趋势上"，对市场上的投机者发出风险警告。

2005年，央行第二季度货币执行报告中，对继续做好人民币汇率改革提出了五点要求，其中，第一点要求就是继续做好对人民币汇率形成机制改革的宣传解释工作。可见，金融管理部门对人民币汇率改革相关宣传解读工作的高度重视。在人民币汇率改革过程中，央行多次以答记者问的形式，通过新华社、《金融时报》等主流媒体上刊载了一系列政策解读文章。金融管理部门围绕人民币汇率改革的宣传解读工作，取得了良好的效果，为顺利推进人民币汇率改革、提升人民币国际影响力，创造了有利的舆论环境。

（二）部分国家虚拟货币造成投资者损失

虚拟货币也指非真实货币，在特定情况下可以具有货币的部分功能，如价值尺度、流通手段等。按照发行主体不同，有特定信用机构发行的，如游戏币、Q币、代金券等，可以与法定货币进行一定比例的兑换；也有无信用发行主体，基于区块链、首次币发行（Initial Coin Offering，ICO）等互联网技术产生的加密货币，如比特币、莱特币等。国际组织反洗钱金融行动特别工作组（FATF）将虚拟货币界定为：一种可以以数字形式交易，具有交易媒介和（或）计价单位及（或）价值存储功能，但在任何法域不具有法定货币地位的数字形式的价值。

2008 年 10 月，物理学家中本聪发表了名为《比特币：一种点对点的电子现金系统》，描述了如何创建一套去中心化的电子交易系统，以削弱政府的作用，实现个人的自由，这也是虚拟货币的雏形。2009 年 1 月，他挖出了比特币的第一个区块——创世区块（Genesis Block），并获得了 50 个比特币的奖励，当天下午，创世区块计入公开账簿，宣告了比特币（bitcoin）的诞生，拉开了虚拟货币浩荡的发展史。比特币依据特定算法产生，使用分布式数据库来记录和确认交易。

一般而言，虚拟货币具有几大特征。一是去中心化，虚拟货币分布在网络节点中，没有集中存放的场所，这也是不少虚拟货币诞生的初衷。二是匿名性，虚拟货币大多使用加密技术，使得加密货币难以伪造，并让用户能够匿名，这也意味着识别资金来源、追踪资金去向的难度极大。三是全球化，传统的货币都有特定的管辖范围，而虚拟货币在网络中的流动难以对其加以"国籍"界定。只需要一台接入互联网的计算机，就可以实现虚拟货币全球的流通，发行、流通均不受限于传统的机制。虚拟货币的这些特征也给传统的金融秩序带来了挑战。

1. 事件概述

网络虚拟货币根植于互联网的区块链等底层技术，它的发行处于无政府状态，流通也很少受到限制，作为一种新的交易媒介和支付形式，经历着从新生萌芽到迅速生长，支付、流通、监管等方面的无序发展并带来诸多安全问题。如，比特币等虚拟货币无机构或国家作为发行主体，也就缺乏国家信用作为担保，币值不稳定；代替现有货币的部分功能，对现有货币体系产生冲击，甚至成为洗钱工具；市场弥漫着投机氛围，虚拟货币价格频繁出现大幅波动。此外，虚拟货币市场鱼龙混杂，不少披着创新外衣的骗局借机横行。

目前比特币最小交易单位是 0.01，也就是只需要百元的资金就可以参与投资，这在投资类产品中门槛很低，也使得虚拟货币的玩家从早期的极客群体迅速扩展到普通大众。虚拟货币市场玩家群体中，既有机构，也有资深玩家，既有金融从业者，也有普通居民。可以说虚拟货币早已不再是小众玩物，已然走进了大众视野。根据 etherscan. io 网站的统计，截至 2020 年 3 月 5 日，仅利用以太坊上的 ERC20 开发的虚拟货币就达到 24.55 万种。得得智库发布的《2019 - 2020 加密货币市场年报：共识的回归》显示，截至 2019 年 12 月 31 日 24 时，全球加密数字货币市场总市值为 1927.69 亿美元，2019 年全年共计上涨 53.35%。

伴随日渐庞大的规模而来的是虚拟货币的波动性。虚拟货币本身不具备商品价值，没有实物形态，缺乏"价值锚"，币值天然存在不稳定性，市场投机氛围较浓，投资者权益难以保障。目前全球主要交易互联网货币包括比特币、莱特币、以太坊等，目前市场上主要的虚拟货币交易平台均实施 T + 0 交易、7 × 24 小时开盘，且无涨跌幅限制，这在一定程度上放大了虚拟货币交易的风险。自 2009 年比特币诞生开始，虚拟货币市场经历了多次起落，以近三年的情况为例，2017 年狂热、2018 年"寒冬"、2019 年市场去泡沫，比特币、莱特币等虚拟货币的价格如同过山车，暴涨暴跌、"闪崩"情况频现。还有不少虚拟货币仅仅是利用概念吸引货币持有者和炒作资金，融一笔钱就跑，成为"跑路币""骗子币"。区块链数据分析公司 CipherTrace 的最新分析显示，2019 年加密货币犯罪造成的损失超过 45 亿美元，较 2018 年的 17.4 亿美元增长了近 160%。

2. 虚拟货币引发部分国家投资者损失及相关舆情

（1）交易平台监守自盗、卷钱跑路频发，缺乏有效追责途径，投资者损失难以挽回。

交易平台是虚拟货币流通的重要一环，普通投资者和项目方在平台上发生联系。作为担保交易平台，其定位本应是中性的。但虚拟货币不像传统的大宗商品、股票、期货等市场受到严格监管，虚拟货币交易所尚处于灰色地带。正因如此，一旦虚拟货币交易所有风吹草动甚至"一跑了之"，往往落得"一地鸡毛"的混乱局面。

2014 年初，世界上最知名的比特币交易平台 Mt. Gox 比特币交易所上有 744408 个比特币丢失。2 月 10 日，比特币价格闪电般跌至 102 美元，跌幅 80%。事件发生后，曾广泛引发舆论对于比特币交易平台安全性的讨论。但因资本逐利的本性，交易所仍是"野火烧不尽，春风吹又生"。类似事件此后又反复出现，影响比较大的如 2018 年 1 月 28 日，日本数字货币交易平台 Coincheck 上 5 亿枚 NEM（价值约 5.33 亿美元）遭黑客窃取，涉及用户 26 万人。多次发生的交易所被盗事件引发国外舆论的普遍不满，但在报道的议题设置上，主要还是集中在事件本身，对于追责、挽回投资者损失并无较为深入的跟踪报道，随着时间的推移，受损投资者的声音逐渐被海量信息淹没。

交易所除了受到外部的攻击，其本身的安全性也受到舆论的质疑。2018 年，加拿大最大的比特币交易所 QuadrigaCX 的创始人杰拉尔德·科顿死亡，而该交易所的密钥只有创始人知晓，这致使近 2 亿美元市值的虚拟数字货币无法体现，并有可能永久性消失。2017 年左右，号称"比特币杀手"的维卡币（OneCoin）创始人茹雅在全球吸金 40 亿欧元后，连同这笔巨款失踪。创始人自身的风险又引起舆论的关注和质疑。国外舆论普遍认为，交易平台已经成为欺诈案和技术故障的高发场所，对交易者构成的风险却未受到足够重视。

交易平台在融资中起到了中介的作用。虚拟货币最开始的融资主要通过 ICO，即首次代币发行，区块链项目首次向公众发行代币。在 ICO 的模式尚未厘清的情况下，市场又涌现出 IEO、IFO 等新型概念。首次交易的发行（Initial Exchange Offering，IEO）是以交易所为核心发行代币。初始分叉发行（Initial Fork Offering，IFO）是用全新的算法使得原本的虚拟币进行变种。例如，比特币在 2017 年 8～12 月，成功产生比特币现金（BCH）、比特币黄金（BTG）等多个分叉币。

融资模式的多样变化加大了公众的辨识难度。由于虚拟货币本身性质并无定论，对其融资管理也处于模糊的状态。因此，国外舆论的报道多是集中在新模式、新现象的出现，对于其中风险的关注和监管存在滞后性，往往是相应的问题发生后才予以关注，未能在事前通过宣传报道向投资者进行及时提醒或发布风险预警。此前一段时间，虚拟货币币值的"抗通胀性"被作为亮点进行广泛宣传，但随着"分叉"等新品种的出现，客观上造成了币种的滥发，虽然单种货币数量是恒定的，但不限种类的虚拟货币出现，意味着整个市场虚拟货币的总量是无限的，造成持币者手中资产事实上的贬值，而国外媒体和监管机构并未向投资者提示此类风险。

（2）价格操纵和投机活动相伴而生，虚拟货币币值频繁出现剧烈波动。

由于具有巨大的财富聚集效应，虚拟货币不再仅具有最初的交易媒介功能，而相应地具有了财富贮藏的属性。与此同时，价格操纵和投机过度问题也随之而来。虚拟货币体量小，在持有人集中或者资金量大的情况下，价格极易被操纵，甚至可以人为制造交易假象来引导影响价格。通过虚假交易刷出交易量，获取更多的关注，制造繁荣的假象，刺激公众的"追涨"心态，吸引众多投资者入场。

与旺盛的需求相比，比特币的供应明显不足，这也成为炒作的重点对象。2010 年 7 月，世界上最知名的比特币交易平台 Mt. Gox 成立，引起舆论关注。然而，在众目睽睽之下，Mt. Gox 平台上仍然存在价格操纵乱象。2018 年，Neil Gandal 等四名来自美国和以色列的学者发表题为《比特币生态系统中的价格操纵》的论文，对比特币交易平台 Mt. Gox 在 2013 年 2 ~ 11 月对外泄露的交易信息进行重点研究，发现机器人 Markus 在 2013 年 2 ~ 9 月，总共制造了超过 7000 万美元的交易，但实际并未支付任何金额；机器人 Willy 在 2019 年 9 ~ 11 月，使用了 49 个不同账号分别买入 250 万美元的比特币，涉及交易金额 1.12 亿美元。当这些可疑交易发生时，比特币价格平均上涨了 1/4，在未发生可疑交易时，比特币价格则略有下降，因此比特币价格的暴涨有可能是由少数人的价格操作行为导致的。2018 年 6 月，美国得克萨斯大学金融学教授 John Griffin 等发表的论文也认为，在 2017 年加密货币的价格暴涨中，至少有一半的上涨可能是由价格操纵活动推动的。美国《华尔街日报》一项对 2018 年 1 ~ 7 月交易数据的调查，总共发现了涉及 121 种不同数字货币的 175 次"拉高后出货"计划。

虽然国外媒体对比特币行业的价格操纵问题进行了一定揭露，学术界也开展了相关研究，但可以看出，相关宣传解读、风险提醒等工作严重滞后。当虚拟货币价格操纵行为发生时，损失就已经发生，等到操纵手法被曝光，投资者损失已经无法避免或难以挽回。

虚拟货币市场上另一种更为极端的操纵方法是人为通过"宕机"等方式

"割韭菜"。例如，A平台"网络无法连接"，客户无法正常交易，在A平台无法交易的这段时间内，B平台通过将价格强制拉低或提升，实现"割韭菜"。客户面对虚拟货币价格的大幅波动，由于宕机无法止损或者补仓，最终损失惨重甚至血本无归。虚拟货币交易所对于受损用户的补偿一般是爆仓损失的百分之一，这与投资者的损失相比，只是九牛一毛。由于调查相关事件的滞后性，甚至是交易所自导自查，投资者只能"哑巴吃黄连"。

（3）监管松紧变化带来币值的剧烈波动，令普通投资者难以承受。

各国对虚拟货币的管理尺度不一，而虚拟货币的流通本身具有全球性，在流动的过程中，可能受到多方不同力度甚至不同方向的监管，这也放大了其受到政策的影响程度。例如，2013年3月，塞浦路斯经济危机爆发后，向全国银行所有储户征税，引发了公众对国家信用背书的质疑，并转而寻找新的资金出路，不少人将目光投向比特币。2013年4月，价格比特币攀升至230美元。但同年6月，美国国土安全部冻结Mt. Gox美国银行账号，比特币价格再次跌至70美元左右。

在一段时间内，国外大多数金融监管部门对虚拟货币的态度是"既不合法也不违法"。部分国家的金融监管部门对虚拟货币持放任、宽松的态度和立场。例如，欧盟认为，目前与加密货币资产相关的活动不属于现有欧盟金融法律的监管范畴，但由于这些活动具有较高的行业风险，监管机构需要制定适当的规则来保护投资者。2013年，美国政府率先承认比特币合法地位，导致比特币价格大涨。2017年4月，日本《支付服务法案》生效，确认加密货币是一种支付方式。2017年9月，新加坡金管局表示，不对在商业活动中接受比特币的行为进行监管。国外金融监管部门针对虚拟货币的监管制度和政策不完善，加上缺乏系统的、普遍的宣传解读，致使虚拟货币在多个国家出现野蛮生长的现象。

在经历了快速扩张的时期后，虚拟货币风险逐渐积累并暴露，多个国家监管政策收紧，虚拟货币价格也随之"跳水"。2018年，G20财政部长和中央银行行长会议将数字货币定义为资产而非货币，表示对利用其进行逃税、洗钱、恐怖融资等问题的关注；美国证券交易委员会（SEC）与商品期货交易委员会

（CFTC）联合发布声明将持续打击数字货币领域的违法行为并对数字货币产业链启动大规模调查；韩国要求比特币交易所开展实名认证；英国等国多家银行禁止客户使用信用卡购买比特币等数字货币。随着监管收紧，虚拟货币市场风声鹤唳，价格也大幅下跌。例如，比特币价格从 2017 年开始直线上涨，2017年 12 月 1 日价格涨至顶点。此后，2018 年持续波动下跌，于 2018 年 12 月 17日创下 3155 美元低点。

在初期宽松的政策环境中，部分国家的金融管理部门并未对虚拟货币相关风险进行有效的宣传和提示，媒体报道的"财富效应"吸引了不少投资者入场，而一旦监管骤然收紧，舆论又转而关注相关风险。监管态度变化，市场缺少缓冲的时间和消化的过程，导致虚拟货币市场出现大起大落。

（4）趁着监管缺位、错位的空隙，"山寨币"骗局横行。

目前全球可供交易的虚拟货币已经多达数千种，由于技术的复杂性、专业性和交易的隐秘性，部分国家虚拟货币领域出现庞氏骗局。与比特币总量有限、具有稀缺性不同，很多虚拟货币披着创新的外衣，实质是新的庞氏骗局。

Scamwatch 的研究显示，虚拟货币相关的总损失从 2017 年的 2.34 亿美元上升到 2019 年的 4.37 亿美元。2019 年，澳大利亚提交了 1810 份与加密货币诈骗相关的报告，总价值超过 2160 万澳元。该报告称，"云矿场成为了这类骗局的常见形式。大多数都是庞氏骗局，没有涉及真正的加密货币"。2020 年 8 月，韩国金融监督院表示，2019 年涉嫌虚拟货币诈骗的嫌疑人、诈骗公司数量分别为 186 人、92 家，比 2018 年的 139 人、48 家增长了33.8%、109.1%。

类似因为诈骗导致投资者损失的案例不胜枚举。2018 年 7 月，美国虚拟货币公司 Plexcoin 创始人 Dominic Lacroix 因为进行 ICO 诈骗被逮捕，他曾承诺一个月内可获得 13 倍利润而再次募得资金 1500 万美元。2018 年 8 月，印度警方逮捕了虚拟货币公司 Ripple Future 的嫌疑人，该公司承诺在 250 天内能让投资者的本金翻两倍，诈骗金额高达 400 万美元。2020 年 10 月 22 日，虚拟货币公司 Arbistar 2.0 首席执行官 Santiago Fuentes 被西班牙警方抓获并拘留，他被指控在一场比特币庞氏骗局中欺骗了近3.2万名投资者，价值近8.5亿欧元。

尽管诈骗手段并无新意，但部分国家市场监管较为模糊，金融监管机构尚未有所行动。国外媒体的相关报道更倾向于"投资失败"，而当骗局真正被揭开、证据陆续被报道的时候，投资者的损失已经无可挽回。值得注意的是，一旦涉及庞氏骗局，其受害者往往分布非常广泛，特别是随着移动互联网的发展，通过手机就能完成交易，在简化交易手续、提高交易效率的同时，也加大了交易风险。韩国金融监督院表示，2019年监察机构和警方调查的数据显示，韩国搜集到的虚拟货币投资受害者平均年龄为56岁，"大多数诈骗主要发生在中年人身上，与年轻人相比，他们相对不熟悉最新的金融技术"。

3. 事件点评

（1）对虚拟货币性质定位不清，频发变动，引发市场波动进而造成投资者损失。

目前，各国对虚拟货币的认识尚未统一，对其内涵、外延的界定还不完备。在虚拟货币的理论研究尚不成熟的情况下，部分国家金融管理部门的态度立场不明确、监管政策措施不健全，同时又缺乏对虚拟货币市场风险的提示、宣传。欧美部分国家对虚拟货币认定功能接近货币，但又不具备货币的全部功能。2013年，美国金融犯罪执法局通过认定其功能的方式对虚拟货币进行定义，认为虚拟货币是一种在某些情况下扮演货币功能的交换角色，但是其不具备所有货币的职能。2015年，欧洲中央银行对虚拟货币的定义为：虚拟货币是一种价值的数字表现形式，在某些情况下可作为货币的替代物，但目前不是完整意义上的货币。也有部分国家将虚拟货币认定为财产。例如，2013年，德国联邦政府就比特币征税问题发布政府文件，将比特币定义为个人财产；2016年9月，意大利税务局就比特币征税发布文件，将比特币认定为数字货币，征收增值税。

相比较而言，我国对于虚拟货币一直秉持审慎的态度。2013年12月，为保护社会公众的财产权益，保障人民币的法定货币地位，防范洗钱风险，维护金融稳定，五部委联合印发《中国人民银行　工业和信息化部　中国银行业

监督管理委员会 中国证券监督管理委员会 中国保险监督管理委员会关于防范比特币风险的通知》，明确指出比特币不是真正意义的货币，不能且不应作为货币在市场上流通使用，普通民众在自担风险的前提下拥有参与的自由，各金融机构和支付机构不得以比特币为产品或服务定价。谨慎的监管态度、及时的宣传解读，避免了大量投资者因盲目投资造成损失。

（2）风险教育对象难以确定，风险提示层次停留在表面。

虚拟货币去中心化的特征使其能够在网络任何一个节点存在，它没有集中托管的场所，难以集中统一管理。再加上虚拟货币的匿名性，交易双方难以追踪，其画像特征也不够清晰，在未能充分识别收、付双方的情况下，面向谁宣解，对象具有很大的不确定性，也就难以有针对性地开展宣讲。

虚拟货币不同于以往单一种类的金融产品，它是货币、投资等的复合品，正因为其身上的模糊性，使得对其的宣讲任重而道远。提升使用者、投资者的辨别能力任重道远，对于因币值可能的剧烈波动造成的投资者损失，其风险教育不应只停留在提示，而应该采取强有力的监管措施，保障市场的正常运转；对于披着虚拟货币外衣进行诈骗的案件，则应该通过多种渠道、多种途径，让更大范围的民众了解风险，防止其参与其中。在对国外因诈骗使投资者损失的案例报道中，仅仅对案件进行简单的结果披露，而未见其借机普及金融诈骗知识和风险。

互联网的开放性为电子支付和虚拟货币的发展提供了条件，但也使运行风险变得更加难以察觉并控制。虚拟货币为网络犯罪提供了便利，计算机病毒、黑客更会引发网络虚拟资产的安全问题。目前，虚拟货币的私下交易已经在一定程度上实现了与法币之间的双向流通。这不仅使虚拟货币本身的价格可能产生泡沫，给发行公司的正常销售造成干扰，而且也为各种网络犯罪提供了洗钱的平台，其所带来的问题与风险不仅会伤害到运营商和虚拟货币持有人的利益，甚至有可能影响到整个社会的网络环境安全和社会经济秩序的正常运行。从风险提示的层次来看，恰恰是外国媒体报道中较少涉及的。

四、疏解引导环节的典型案例

（一）银保监会接管包商银行事件

1. 事件概述

2019 年 5 月 24 日，中国人民银行、中国银行保险监督管理委员会联合发布公告称，鉴于包商银行股份有限公司出现严重信用风险，中国银行保险监督管理委员会决定自 2019 年 5 月 24 日起对包商银行实行接管，接管期限一年。2020 年 4 月，接管组发布了《关于包商银行转让相关业务、资产及债务的公告》，包商银行的业务、资产及负债由蒙商银行与徽商银行接管。包商银行接管组在 4 月 30 日接受《金融时报》记者采访时表示，包商银行客户原有业务划分的总体原则为包商银行总行及内蒙古自治区内各分支机构的相关业务由蒙商银行承接，内蒙古自治区外各分支机构（北京、深圳、成都、宁波四家分行）的相关业务由徽商银行承接。2020 年 8 月 6 日，央行在《2020 年第二季度货币政策执行报告》中明确表示，根据前期包商银行严重资不抵债的清产核资结果，包商银行将被提起破产申请。

2. 事件发展过程及舆论焦点

（1）包商银行被接管引发市场震动。

包商银行成立于 1998 年 12 月，是内蒙古自治区最早成立的股份制商业银行，前身为包头市商业银行，2007 年 9 月经原中国银行业监督管理委员会批准更名为包商银行。包商银行共有 18 家分行、291 个营业网点（含社区、小微支行），机构遍布全国 16 个省、市、自治区。通过梳理公开财报发现，包商银行在 2016 年之前一直发展比较稳健，但从 2017 年开始，不良贷款率连续上升，2017 年大公国际对其评级由"稳定"降为"负面"。截至 2018 年末，包商银行总资产规模达到 5508 亿元。

2019 年 5 月 24 日，央行、银保监会宣布接管包商银行。迅速成为各大媒体的头条，相关新闻报道也迅速成为网民关注焦点。同日，央行官网发布《中国人民银行、中国银行保险监督管理委员会负责人就接管包商银行问题答记者问》，对公众关心的问题进行了简短有力的回应。多家媒体迅速跟进报道，这一时期的报道集中在对事件本身的关注，部分猜疑和恐慌情绪在市场初现端倪。

（2）舆情持续发酵，市场出现波动，监管层密集发声。

2019 年 5 月 26 日，中国人民银行、中国银行保险监督管理委员会新闻发言人就接管包商银行问题答记者问，提出对包商银行同业负债采取"新老划断"的处置思路，即对 5000 万元及以下全额保障本息，5000 万元以上协商解决。有观点将此举解读为"同业刚兑"被打破，不安情绪发酵导致市场波动。5 月 27 日，市场上多数资金拆出机构暂停了拆借业务。Wind 数据显示，27 日 10 年期国债期货主力合约下跌 0.52%，创 4 月 3 日以来最大跌幅；5 年期国债期货主力合约下跌达 0.33%，创 2018 年 7 月以来的最大单日跌幅。

这一阶段舆情迅速发酵，网上舆情的声音多样化，部分媒体对包商银行本身的问题进行剖析，认为其暴露出股权结构不健全、资金被占用的严重信用危机。部分媒体将包商银行暴露出的风险与经济下行环境联系起来，认为其冲击了市场信心，引发了流动性问题。还有部分媒体将包商银行暴露出的问题延伸到中小银行的共性问题，例如，每日经济新闻等梳理出部分中小银行延期公布 2018 年年报；还有业内人士认为非银机构和部分货币基金也将受到波及。可以看出，这一阶段舆情讨论的范围更为广泛，不局限于包商银行的个案，讨论的范围扩展到了银行业、金融业，以及个人利益保护、金融体制等问题，虽然重点不尽相同，但对于"风险"的关注贯穿始终。

在宣布接管的一个月内，金融管理部门密集发声。2019 年 6 月 9 日，中国银保监会在官网刊登新闻发言人答《金融时报》记者问；6 月 16 日，包商银行接管组负责人继续就有关问题答《金融时报》记者问。可以看出，金融管理部门对最有可能引发舆情波动的情况，制定了可行的应对预案，保障了舆情应对处置的及时性。

（3）舆情平稳，持续向公众发布后续进展。

2019 年 11 月 8 日，央行在官网发布消息称，包商银行市场化改革重组工作正在推进。2020 年 2 月 24 日，央行、银保监会就接管包商银行答记者问。2020 年 4 月，包商银行接管组发布了《关于包商银行转让相关业务、资产及债务的公告》，包商银行的业务、资产及负债由蒙商银行与徽商银行接管。至此，包商银行问题妥善解决，其个人业务全部兑现，机构业务也基本获得处置。4 月 30 日，央行官网发布包商银行接管组关于蒙商银行成立答《金融时报》记者问的新闻稿。5 月 23 日，央行发布关于延长包商银行股份有限公司接管期限的公告，将接管期限延长 6 个月，自 2020 年 5 月 24 日起至 2020 年 11 月 23 日止。

监管层持续的发声稳定了市场情绪。央行发布的 2019 年 5 月金融市场运行情况数据显示，5 月银行间货币市场成交共计 84.7 万亿元，同比增长 21.54%，环比下降 1.84%。同业拆借成交 15.0 万亿元，同比增长 27.32%，环比下降 1.01%。同业拆借月加权平均利率为 2.24%，较上月下行 19 个基点；质押式回购月加权平均利率为 2.27%，较上月下行 19 个基点。中国人民大学重阳经济研究院卞永祖、陈治衡通过 2019 年 5 月股指期权的隐含波动率，以及国债和信用债的率差分析，认为资本市场上投资人的情绪并没有发生明显变化，市场总体流动性良好。

2020 年 8 月 6 日，央行发布《2020 年第二季度货币政策执行报告》。清产核资结果显示，包商银行存在巨额的资不抵债缺口，若没有公共资金介入，一般债权人的受偿率将低于 60%。但为了最大程度保障客户合法权益，央行和银保监会经过深入研究决定，由存款保险基金和央行提供资金，先行对个人存款和绝大多数机构债权予以全额兑付。同时，为严肃市场纪律、逐步打破刚性兑付，对大额机构的债权提供平均 90% 的保障。

这一阶段，公众的关注已经从事件发生的原因转移到事件的后续处理。从公布的处置措施来看，既在情理之中，又在意料之外，对于一般债权人全额兑付，可以说是平息了最有可能引发舆情波动的不稳定因素，而对于机构非全额保障，则向市场传达了打破刚性兑付、持续进行金融改革的决心和信号。

3. 案例点评

（1）把握发声的主动权，明确释放"存款不受影响"信号，给公众吃下"定心丸"，第一时间稳定市场情绪。

金融事件引发的网络舆情变化，一定程度上会影响金融市场主体的预期和行为。包商银行被接管无疑是一次突发事件，如若处置不当，容易损害金融业赖以生存的信用基础，甚至诱发金融风险。

包商银行被接管的消息由央行于 2019 年 5 月 24 日发布，金融管理部门从源头上把握了权威发声的渠道。同一天，央行官网发布《中国人民银行、中国银行保险监督管理委员会负责人就接管包商银行问题答记者问》，通过"六问六答"集中回答了"为什么要接管包商银行？""为什么由中国建设银行实施托管？""个人储蓄存款本息是否得到全额保障？""接管对个人理财业务有何影响？""持有包商银行银行卡怎么办？网上银行是否受影响？""接管后，个人客户需要配合做什么？"等社会公众最为关心的问题。对六个问题的回答仅 400 余字，但在第一时间打消了公众的疑虑，有力地引导了网络舆情实现平稳发展，取得了良好的效果。

从发布的时机可以看出，央行在发布包商银行被接管的消息之后，紧接着发布了答记者问，向公众传递了明确的信号：金融管理部门已经做好稳妥应对相关事件的充分准备。央行以答记者问的形式，第一时间在最大程度上消除了公众的担忧，坦诚告知公众出现的问题，面对这一事件，金融管理部门已有相应的准备。没有隐瞒、延迟，也从源头上杜绝了各种猜测和传言。此外，一消息一问答的形式，很好地平衡了快报和慎报。消息是把事情核心要素讲清楚，而问答则是延伸集中回答公众关心的问题。快报突出的是一种责任，是第一时间把握舆论传导的主动权；慎报是指事情的复杂性和调查的过程性，权威机构的回应若不慎将误导舆论，影响对相关事件的处理。包商银行事件的处理涉及面广，难以在短时间内全部理顺清楚，因此在当天公布的消息里，金融管理部门只发布了公众最为关注、与事件直接相关的几个问题，把握住了事情的核心矛盾，体现了慎报的原则。

从问题的设定角度，我们可以看出，央行回应的都是大众最为关切的问题："我的存款是不是受影响""我的业务办理是否受影响"。央行给出了简短有力的回答："不影响"，给公众吃下了"定心丸"。金融管理部门的权威解读，首要目标是稳定市场情绪。对包商银行的客户特别是普通储户而言，自己的财产和利益没有受到影响是最重要的。至于包商银行被接管的原因、过程，普通的网民并不是特别关注或者不是该阶段最为关注的问题。对于包商银行被接管，金融管理部门公开的措辞存在"严重信用风险"，但该"严重信用风险"已被得到妥善解决。通过科学合理的正面引导，有效树立了金融管理部门应对及时、措施有力的正面形象，巩固了社会公众对我国金融行业持续健康发展的信心。可以说，央行的回复词句虽短，力度却大，不仅在事实层面予以了回应，也有效地安抚了社会公众的情绪。

（2）持续发声，疏解重点根据事件进展不断调整，引导网络舆情在可控的范围内发展。

银行在我国金融体系中占有重要地位，对于金融秩序的稳定具有重要意义。2019年5月24日，在包商银行事件发生的第一时间，金融管理部门就发布了公告，而在其后各大媒体的报道中，绝大部分都引用了该公告，可以说是从源头上把握住了事实的公开限度。

为了防止事件引发的恐慌情绪扩散和蔓延，5月26日，人民银行、银保监会新闻发言人再次就接管包商银行问题答记者问，就处置原则、客户存款安全性、对公存款和同业负债、包商银行发起设立的村镇银行经营是否受影响、银行体系流动性压力、我国中小银行是否稳健、托管行发挥的作用等问题进行解读，相对于5月24日的"六问六答"，这次答记者问回应的问题相对更为宏观，部分是涉及行业发展的问题，而且更多涉及金融专业知识，这显示出在通过首次答问取得稳定市场情绪的良好成效后，金融管理部门通过积极引导，逐步将舆论的焦点转向更为理性、冷静地关注金融行业稳定与发展问题。在答问过程中，金融管理部门表示，将关注中小银行流动性状况，加强市场监测，保持银行体系流动性合理充裕，维护货币市场利率平稳运行，推动中小银行进一步完善公司治理。

在此后的一段时间里，金融管理机构继续密集发声，陆续就社会公众关心的问题做进一步的深入解释。2019 年 6 月 9 日，银保监会在官网刊登其新闻发言人答《金融时报》记者问一文，其中就包商银行被接管后的最新进展和下一步安排、如何看待市场上关于部分中小银行风险的传言等问题，一一做出回应。6 月 16 日，包商银行接管组负责人就有关问题答《金融时报》记者问，对接管进展、先期保障水平、打破刚性兑付、接管时机和效果做了进一步阐述。

短短一个月时间，金融管理部门密集发声，通过这一系列"组合拳"，引导网络舆情沿着积极正面的方向发展。包商银行被托管仅仅是个案，金融管理部门有能力妥善处理，我国金融行业稳定发展的趋势不会改变，国家将持续推进金融改革，已经成为舆论的主流观点。在网络舆情后续的发展过程中，金融管理部门继续与《金融时报》等权威媒体、知名专家加强合作，形成合力，利用主流媒体和意见领袖的力量持续引导网络舆论走向。金融类专业媒体的解读，还着重对包商银行被接管的原因进行了深入的分析，如股权结构分散、不良贷款率逐年上升、资本充足率逐年下降等。通过合理疏解和科学引导，网络舆情的关注重点聚焦于包商银行个案的风险，而对于中小银行的整体情况，舆论普遍持正面积极的态度。

（3）短期事件处置与深化金融改革并举，引导公众关注和支持金融改革工作。

2019 年 5 月 24 日，在包商银行被接管消息公布的当天，央行注册成立了存款保险基金管理有限责任公司，注册资本 100 亿元。此前，2015 年出台的《存款保险条例》规定，银行破产之后，个人在银行 50 万元以内的存款由存款保险基金 100% 兑付。中国人民银行原行长周小川曾介绍，存款保险制度起步时的费率水平大概在 0.01% ~ 0.02%。五年之后，在包商银行被接管之际，我国专门的存款保险管理机构正式成立，这对于我国金融制度的改革和完善具有里程碑式的意义。

通过建立存款保险保障整个银行业的平稳运行，是世界金融业的通行做法。1933 年，美国通过立法成为第一个建立存款保险制度的国家，由联邦存款保险公司统一运作和管理美国的存款保险。联邦存款保险公司覆盖全美近

7000 家商业银行，承保的存款金额超过 4 万亿美元，保险基金规模达 489 亿美元。在存款保险制度下，处理破产银行较少直接理赔，一般采用"收购加承接"的方式市场化处置倒闭银行，即当投保银行倒闭后，由另一家经营稳健的银行承担倒闭银行的全部债务并收购其部分或全部资产，从而使存款人和其他债权人利益得到全额保护。截至 2014 年 1 月，全球已有 113 个经济体建立了显性存款保险制度。

我国存款保险基金在包商银行事件中的首要任务是对包商银行的个人储蓄存款本息提供全额保障。据央行发布的《2020 年第二季度货币政策执行报告》披露，包商银行在接管当日拥有客户约 473.16 万户。其中，个人客户 466.77 万户；企业及同业机构客户 6.36 万户。如此大规模的客户群体，如不加以妥善处置，极易引起市场恐慌，出现挤兑，甚至诱发"多米诺骨牌效应"，导致金融风险的扩散和蔓延。

在包商银行事件后，金融管理部门有关"对大额机构的债权提供平均 90% 的保障"的决定，体现了金融管理部门逐步引导金融市场走向成熟和理性的工作思路。风险自担是金融活动的基石，承担风险、获得收益是金融运行的基本原则，也是提高金融资源配置效率的前提条件。通过处置包商银行事件，金融管理部门正在稳步、有序地引导金融市场和全社会打破"银行不会倒闭"的旧有观念，促进投资者树立收益自享、风险自担的正确理念，从而提高金融资源配置效率，提升金融服务实体经济水平，同时处理好发展和安全的关系，切实维护金融稳定，有效防范和化解金融风险，守住不发生系统性风险的底线。

在包商银行被接管事件中，金融管理部门在第一时间回应社会关切，成功稳定了市场情绪，并通过一系列的宣传解读，保障网络舆情稳定、可控发展，并将社会公众的关注焦点有效地引导到深化金融改革的话题上来，为科学引导金融网络舆情、防范化解金融风险提供了成功的范式。

（二）2020 年初国际原油价格大幅下跌

1. 事件概述

2020 年初，新冠肺炎疫情在全球开始蔓延，全球经济下滑，市场需求锐减，包括原油在内的大宗商品面临巨大的需求压力。自 2020 年 1 月开始，国际油价开始步入每桶 60 美元下方，并一路走跌，到 2 月，油价已经进入 50 美元下方，并向 40 美元区间下探。3 月，油价仍无改善迹象。3 月 6 日，欧佩克＋会议减产方案遭到俄罗斯拒绝。3 月 9 日，西得克萨斯中质原油（WTI）期货价格跌至每桶 31.13 美元，较 3 月 6 日的 41.28 美元下跌 26.3%。4 月 9 日，欧佩克＋会议达成 1000 万桶/日的减产规模协议，但由于市场对其减产目标的不确信以及需求端持续大幅减少，国际原油市场并未回暖。4 月 20 日，WTI5 月期货合约创下每桶 -37.63 美元的结算价格。

2020 年 5 月以来，随着全球各国重启经济，欧佩克＋开始实施史上最大规模减产，以美国和加拿大为首的非欧佩克＋产油国原油产量明显下降，市场基本面开始改善，国际油价有所反弹。下半年，全球原油供应仍被控制在较低水平，全球原油需求渐进修复，国际油价逐步稳定在每桶 40 美元左右，但较年初仍下跌 50%。

2. 事件过程及舆情

（1）原油需求持续疲软。

2020 年 2 月开始，新冠肺炎疫情逐渐在全球蔓延，导致原油需求迟迟不能恢复，拖累了交通运输和工业活动，原油的需求量大幅减少。三大能源机构纷纷下调能源需求预期。国际能源署 3 月 9 日发布《2020 年石油市场展望》，预计 2020 年全球原油需求为 9990 万桶/日，这一需求较 2019 年同期水平减少 9 万桶/日，也是 2009 年后全球原油需求的首次下滑。美国能源信息署在 3 月 11 日发布的《短期能源展望》中预计，2020 年第一季度，全球原油和液态燃料消费量保持在 9910 万桶/日，较 2019 年同期减少 90 万桶/日。同日，欧佩克发布《石油市场月度报告》认为，2020 年，全球原油需求量将保持在 9973 万桶/日，仍有小幅增长，但增长幅度已从 2 月预测的 99 万桶/日下调至 6 万桶/日，降幅达 93.93%。

（2）谈判破裂陷入增产战。

2020 年 3 月初，原油价格下跌引发大范围关注，以沙特为首的欧佩克为了应对原油价格疲软，希望通过调整供给来维持原油价格，提出减产方案：将现有的 210 万桶/日减产计划延长至 2020 年底；并额外减产 150 万桶/日。额外减产计划需按比例实施：其中，核心成员国将每天削减 100 万桶，非欧佩克成员国每天削减 50 万桶。该方案执行的前提是取得包括俄罗斯在内的非欧佩克产油国的支持。3 月 6 日，在欧佩克＋会议上，沙特阿拉伯和俄罗斯未能达成协议，减产方案遭到俄罗斯拒绝。作为回击，3 月 7 日，沙特阿拉伯宣布降低各地原油售价，并计划将 4 月原油产量提升至 1000 万桶/日以上。3 月 10 日，沙特阿拉伯再度发难，称可能从 4 月 1 日开始将原油总产量提高到创纪录的 1230 万桶/日，并将提升最大原油产能至 1300 万桶/日。俄罗斯随即宣称，将增加原油产量至 1180 万桶/日。

双方逆势加产的举动震惊了国际原油市场。3 月 9 日，国际油价开盘暴跌 30%，创下 30 年来最大单日跌幅。WTI 期货价格跌至每桶 31.13 美元，在之后一个月内持续在 20 美元低位。谈判的破裂引发了市场的悲观预期。美国能源信息署在 3 月 11 日发布的《短期能源展望》中预计，2020 年，WTI 原油价格将保持在 38.19 美元/桶，较 2019 年同期的 57.02 美元下滑 33%，较 2 月的预测数据 55.71 美元/桶下降 31.45%。布伦特原油价格保持在 43.3 美元/桶，较 2019 年同期的 64.37 美元/桶下滑 32.73%，较 2 月的预测数据 61.25 美元/桶下降 29.31%。

在国际原油市场上，美国通过开发页岩油而取得迅速的发展，近年来占领了不少的市场份额。2018 年，美国的原油产量占全球原油市场的 16%，与沙特阿拉伯、俄罗斯持平；2019 年，美国的市场份额进一步上升至 18%，超过俄罗斯和沙特阿拉伯的 16% 和 15%，成为全球最大的原油生产国。但页岩油开发有明显的成本劣势，无法长时间进行价格战。为了夺回之前失去的市场份额，俄罗斯加大了原油开采力度。而沙特阿拉伯在遭到俄罗斯的减产拒绝后，大规模增产、调低油价，一方面逼迫俄罗斯重回谈判桌，另一方面也意在保住原有的市场份额。国际能源署认为，新冠肺炎疫情暴发前，全球原油市场供过于求的态势已经非常明显。谈判破裂，各方大幅增产，还是出乎市场意料。原油市场这一"黑天鹅"事件也给油价走势蒙上了一层阴影。

（3）减产协议达成，原油价格仍持续下跌。

2020年4月9日，欧佩克+召开视频会议，包括欧佩克成员国、俄罗斯、美国等主要产油国在内，讨论以减产的方式应对全球原油供应过剩带来的挑战。会议达成初步减产意向，依据该协议，首轮减产为期两个月，自2020年5月1日开始减产1000万桶/日；自2020年7~12月，减产800万桶/日；自2021年1月至2022年4月，减产600万桶/日。这是欧佩克成立以来，幅度最大的一次减产协议。

此次减产并非一帆风顺。一方面，墨西哥不同意承担40万桶/日的减产量，只同意减产10万桶/日，最终是美国为其承担了30万桶/日的减产份额。另一方面，尽管美国能源部预计美国产油商也将减产，但由于美国政府没有管控原油产量的机制，所以美方并未提出减产协议，这被舆论认为是减产计划的不确定因素。从媒体报道和市场反应来看，市场对欧佩克1000万桶/日的减产计划并不抱有信心。

还有观点认为，此时的减产是在之前大幅增产的基础上减产，实际幅度大打折扣。如果真的要匹配仍然低迷的需求，那么沙特就要把2020年3月新增产能去掉后再限产。更重要的是，市场需求并未恢复。即使减产，也不足以改善原油市场的供需平衡。需求大幅下降，直接导致原油库存不断上升。美国能源信息署（EIA）2020年4月7日公布的报告显示，截至2020年4月3日当周，美国EIA原油库存增至1517.7万桶/日，远高于此前预期的969.9万桶。

（4）原油期货出现负价格。

2020年4月20日，WTI 5月期货合约创下每桶-40.32美元的盘中交易新低，最终结算价为每桶-37.63美元。所有其他到期的WTI合约在4月20日以正价格结算。

历史上首次"负油价"让全球金融市场为之震动，舆论对"负油价"的原因高度关注，有媒体甚至认为其破坏性堪称期货市场上的"9·11事件"。作为美国金融监管机构之一、负责监管商品期货、期权和金融期货、期权市场的美国商品期货交易委员会（CFTC）于2020年11月23日发布了关于2020年4月"负油价"事件的调查报告。报告从基本面和交易的技术层面进行了分析。从基本面看，导致此次"负油价"事件的主要因素是全球经济放缓、新冠疫情等客观事件，以及当时在原油仓储方面的原因。供过于求的全球原油市场遭遇前所未有的需求下降，而对于规模和持续时间的不确定性，将市场波动性推至历史水平。欧佩克＋减产协议在3月被解除，减产措施推迟到5月才恢复，进一步加剧了市场对原油供应过剩的担忧，最终引发了对市场储存过剩产量能力的担忧。

报告的发布未能消除市场担忧，主要原因是除了告知以往的信息外，并未给出更多的内容。部分国外媒体认为，报告并没有提供任何有关油价暴跌的明确原因，也没有提供有关如何防止未来油价暴跌的任何最终结论或建议，甚至连最受关注的油价暴挫过程中是否存在市场操纵行为，CFTC也是避而不谈。CFTC主席Heath P. Tarbert表示："虽然有些人可能希望进行更明确的分析，但此时我们无法提供这种分析。"

3. 事件点评

（1）未明确引导重点，报道偏重不一。

议程设置理论认为，媒介可通过提供信息和安排议题影响人们关注某些事实和意见，媒体报道数量的多少会影响公众对事件的关注程度。在国际原油价格暴跌过程中，国外媒体的关注点集中在"减产"，偏重在供给端，对于新冠肺炎疫情对需求端产生的影响一笔带过。例如，2020年3月、4月，媒体广泛报道两次以减产为核心议题的欧佩克＋会议，包括会前各方表态、会议结果、会后的执行等，对供给端的报道数量和关注程度远超过对需求端的关注。

美国社会心理学家卡茨认为，人的态度形成和改变是基于人的心理需要，只有了解某种态度所基于的心理需求，才能预料到态度的改变。对于油价的持续下跌，公众和市场需要的是全面客观的报道，媒体过多关注供给端的变化，对需求端的疲软情况关注不够，没有满足公众和市场知悉全貌的需求，也就无法有效改善公众和市场的悲观预期。从市场的反应来看，各方看跌油价的预期也没有根本转变。

急剧增长的舆情数据带来管理和驾驭难度的不断提升，互联网上不仅信息量巨大，而且分布零散、杂乱，各种关联和偶发性因素导致网络舆情复杂多变。网民出于选择性心理，往往只愿意关注、接受、传播和本人意见相同或相似的观点，借助互联网，容易放大某类观点或偏激情绪。欧佩克＋经过反复博弈、多轮谈判达成减产协议，但市场对协议前景并不乐观。2020 年 4 月 9 日，欧佩克＋达成史上最大规模的减产协议，4 月 21 日，原油期货价格却惊现负价格。这一史无前例的市场反应，也显示了市场的信心不足。舆论普遍认为，此次减产幅度仍不及需求下降幅度，供需差依然存在。此外，全球原油存储能力接近饱和的状态加剧了市场担忧，有关原油价格持续下跌的悲观预期未能扭转。

（2）意见领袖意见缺位、错位，引导缺乏有力抓手。

对于 2020 年 4 月的"负油价"事件，一直缺少权威机构、知名专家对舆论进行有效的引导。CFTC 在 2020 年 11 月才发布调查报告，未能抓住引导舆论的最佳时机。有报道称，CFTC 内部对于公开这份报告存在争议。一些官员指出，至少应该等到执法部门对于油价暴跌当日是否存在不法行为形成结论后再公布这份报告。CFTC 也承认该文件可能未达到预期，并称此份报告为"中期报告"。调查报告发布后，CFTC 发布了两份来自商品期货交易委员会委员 Dan M. Berkovitz 和 Rostin Behnam 的声明，他们认为此前发布的报告是"不完整"且"不恰当"的，这份报告没有为公众提供对 4 月 20 日原油价格暴跌原因的充分解释。在监管机构内部未完全达成一致的情况下，向市场发布事件调查结果，不但不能有效引导公众理性进行讨论，而且还引发公众的困惑和误解。

互联网使得信息传播的门槛不断降低，舆情信息不再被垄断，公众有了更多的话语权、更便捷的获取和传播信息的渠道，舆论引导也面临越来越多的困难和挑战。回顾国际原油价格下跌事件的整个过程，没有出现特别有力的权威声音来引导舆论，而是任由各方自由发声。原油问题具有较强的专业性，期货分析更需要金融专业知识，普通民众往往只看到原油价格下跌这一现象，对于油价大跌的原因及未来走势不甚明晰。国外的相关报道多数是对事件的描述性报道，权威专家学者的点评较为少见。由于缺少权威观点的引导，市场悲观情绪持续蔓延，各方预期陷入混乱，失去了引导市场和公众理性看待市场波动的最佳时机。

第四章

做好金融网络舆情应对的思考

　　金融在现代经济体系中居于核心位置，对于保持经济平稳健康发展具有重要意义。随着互联网的不断发展，网络舆论对于国家治理和社会发展有着越来越重要的影响，金融网络舆情应对工作的重要性也日益突出。为了不断提升金融网络舆情应对能力和水平，一方面，要在思想上高度重视，充分认识金融网络舆情应对工作的重要意义；另一方面，要在举措上多管齐下，积极做好金融网络舆情应对工作。

一、高度重视金融网络舆情应对

　　2013 年 8 月，习近平总书记在全国宣传思想工作会议上强调："宣传思想工作一定要把围绕中心、服务大局作为基本职责，胸怀大局、把握大势、着眼大事，找准工作切入点和着力点，做到因势而谋、应势而动、顺势而为。""经济建设是党的中心工作，意识形态工作是党的一项极端重要的工作。党的十一届三中全会以来，我们党始终坚持以经济建设为中心，集中精力把经济建设搞上去、把人民生活搞上去。只要国内外大势没有发生根本变化，坚持以经济建设为中心就不能也不应该改变。这是坚持党的基本路线 100 年不动摇的根本要求，也是解决当代中国一切问题的根本要求。同时，只有物质文明建设和精神文明建设都搞好，国家物质力量和精神力量都增强，全国各族人民物质生活和精神生活都改善，中国特色社会主义事业才能顺利向前推进。"

习近平总书记的重要讲话站在党和国家工作大局的高度，深刻阐述了有关宣传思想工作的一系列重大理论和现实问题，为做好宣传思想工作提供了根本遵循，对于做好金融网络舆情应对工作具有很强的战略指导性和现实针对性。

（一）保持经济持续健康发展的客观需要

2017 年 4 月 25 日，中共中央政治局就维护国家金融安全进行第四十次集体学习。习近平总书记强调："金融安全是国家安全的重要组成部分，是经济平稳健康发展的重要基础。维护金融安全，是关系我国经济社会发展全局的一件带有战略性、根本性的大事。金融活，经济活；金融稳，经济稳。必须充分认识金融在经济发展和社会生活中的重要地位和作用，切实把维护金融安全作为治国理政的一件大事，扎扎实实把金融工作做好。"

2017 年 7 月，习近平总书记在全国金融工作会议上指出："防止发生系统性金融风险是金融工作的永恒主题。要把主动防范化解系统性金融风险放在更加重要的位置，科学防范，早识别、早预警、早发现、早处置，着力防范化解重点领域风险，着力完善金融安全防线和风险应急处置机制。"

党的十九大报告提出："健全金融监管体系，守住不发生系统性金融风险的底线。"

2019 年 1 月，习近平总书记在省部级主要领导干部坚持底线思维着力防范化解重大风险专题研讨班开班式上指出："当前我国经济形势总体是好的，但经济发展面临的国际环境和国内条件都在发生深刻而复杂的变化，推进供给侧结构性改革过程中不可避免会遇到一些困难和挑战，经济运行稳中有变、变中有忧，我们既要保持战略定力，推动我国经济发展沿着正确方向前进；又要增强忧患意识，未雨绸缪，精准研判、妥善应对经济领域可能出现的重大风险。""要加强市场心理分析，做好政策出台对金融市场影响的评估，善于引导预期。"

2020 年 10 月 29 日，中国共产党第十九届中央委员会第五次全体会议通过

《中共中央关于制定国民经济和社会发展第十四个五年规划和二〇三五年远景目标的建议》，提出"完善现代金融监管体系，提高金融监管透明度和法治化水平，完善存款保险制度，健全金融风险预防、预警、处置、问责制度体系，对违法违规行为零容忍"。

习近平总书记有关经济金融工作的一系列重要讲话，充分体现了党中央对金融工作尤其是防范化解金融风险工作的高度重视，是做好新时代金融工作的根本遵循。金融网络舆情应对是防范化解金融风险工作的有机组成部分，要自觉将金融网络舆情应对工作放到中央工作大局中思考，对照党中央有关金融工作的要求，积极做好金融网络舆情应对工作。

（二）做好宣传思想工作的必然要求

2016 年 2 月 19 日，习近平总书记在党的新闻舆论工作座谈会上强调："党的新闻舆论工作是党的一项重要工作，是治国理政、定国安邦的大事，要适应国内外形势发展，从党的工作全局出发把握定位，坚持党的领导，坚持正确政治方向，坚持以人民为中心的工作导向，尊重新闻传播规律，创新方法手段，切实提高党的新闻舆论传播力、引导力、影响力、公信力。"

2016 年 4 月 19 日，习近平总书记在网络安全和信息化工作座谈会上指出："善于运用网络了解民意、开展工作，是新形势下领导干部做好工作的基本功。各级干部特别是领导干部一定要不断提高这项本领。"

2018 年 4 月，习近平总书记在全国网络安全和信息化工作会议上指出："各级领导干部特别是高级干部要主动适应信息化要求、强化互联网思维，不断提高对互联网规律的把握能力、对网络舆论的引导能力、对信息化发展的驾驭能力、对网络安全的保障能力。各级党政机关和领导干部要提高通过互联网组织群众、宣传群众、引导群众、服务群众的本领。"

习近平总书记有关宣传思想工作的一系列重要讲话，鲜明地提出了党的宣传思想工作的新任务新要求，凝结着对新时代宣传工作规律和互联网发展趋势的深刻思考，为做好宣传思想工作指明了着力点和突破口，这也是开展金融网络舆情应对工作必须遵循的方向和目标。

2019 年 10 月 31 日，中国共产党第十九届中央委员会第四次全体会议通过《中共中央关于坚持和完善中国特色社会主义制度　推进国家治理体系和治理能力现代化若干重大问题的决定》，提出"完善坚持正确导向的舆论引导工作机制。坚持党管媒体原则，坚持团结稳定鼓劲、正面宣传为主，唱响主旋律、弘扬正能量。构建网上网下一体、内宣外宣联动的主流舆论格局，建立以内容建设为根本、先进技术为支撑、创新管理为保障的全媒体传播体系。改进和创新正面宣传，完善舆论监督制度，健全重大舆情和突发事件舆论引导机制。建立健全网络综合治理体系，加强和创新互联网内容建设，落实互联网企业信息管理主体责任，全面提高网络治理能力，营造清朗的网络空间"。这充分体现了以习近平同志为核心的党中央对新闻舆论工作的高度重视，对社会主义精神文明建设规律的深刻把握。舆论引导能力是国家治理能力的重要体现，我们要从推进国家治理体系和治理能力现代化的高度，认识和把握完善坚持正确导向的舆论引导工作机制的重要意义，并作为金融网络舆情应对工作方向性的指引。

二、多管齐下做好金融网络舆情应对

面对金融网络舆情，在应对举措方面，需要从规律把握、监测发现、应对处置、宣传解读、科学引导等方面入手，多管齐下做好应对工作。

（一）科学把握舆情规律

金融网络舆情是社会公众有关经济金融问题的观点、情绪、诉求在网络上的集中反映。金融网络舆情通常是与群众切身利益紧密相关的话题，容易在短时间内迅速引起社会公众的广泛关注和集中讨论，可能对金融运行、经济发展、社会稳定产生重要影响。因此，准确把握金融网络舆情传播规律，对于做好相关应对工作，防范化解金融风险，维护经济社会稳定，具有非常重要的现实意义。

准确理解和把握网络舆情规律，需要从三个方面着手：一是多视角、多维度认识舆情规律；二是运用大数据技术深入探索舆情规律；三是通过事后评估深化对舆情规律的认识。

1. 多视角、多维度认识舆情规律

作为新兴的研究领域，网络舆情受到多个学科的专家和学者的高度关注，已经成为一门真正的交叉学科。由于网络舆情的跨学科性和复杂性，社会各界在理论与实践相结合的过程中，不断探索网络舆情规律，尝试关联不同的视角，引入其他领域的理论和方法，来研究网络舆情。因此，为了科学、全面地掌握舆情规律，还需要从更多视角、更多维度认识和了解网络舆情，为开展网络舆情应对打好理论基础。

有国内学者系统梳理了目前已有的网络舆情研究视角，全面总结了相关研究范式。

第一，将网络舆情构成要素作为视角包含舆情主体、客体及舆情引发者的视角。舆情主体的视角从网民在网络传播中片面化呈现舆情和主体心理引发舆情生成的现状出发，探讨突发事件的导控措施。网络舆情的客体视角则从信息异化及时空分异来探讨衍生舆情，进而探讨突发事件的舆情特征、规律和应对策略。舆情引发者构建的视角主要从政府、地方治理和企业行为的角度探析舆情危机的形成机理，并建构策略。

第二，从网络舆情的传播理论来选取研究视角，主要有群体极化、沉默的螺旋等视角。这类视角通过探讨如何避免群体极化来研究舆情的预警之策；"把关人""议程设置""沉默的螺旋"等理论在不同场域会得到加强或背离，因此通过分析其嬗变并对它们进行重构，以此来探讨舆情的策略。

第三，将舆情的功能或导控手段作为一种研究视角，主要有社会管理创新、公共治理、思想政治教育、文化、民主、网络舆情等视角。这些视角研究从网络舆情与高校管理、政府治理之间的价值关联，即功能和手段切入，研究高校的思政教育、地方政府应对舆情的策略及政府的公信力政治考量。

第四，从整个互联网发展过程来建构研究视角，主要有复杂性视角、网络组织等视角，探析舆情的发展阶段和影响因素。这类视角既考察互联网发展过程各阶段的舆情生成特点，构建网络舆论生态的健康发展路径；也研究网络舆情如何受到网络内部组织和外部社会组织关系的传播模式，从其复杂的关系来分析应对策略。

第五，将研究方法作为视角，包括系统动力学、生态学、经济分析法、三方博弈、利益相关者等视角。网络舆情作为交叉学科，其研究是一个跨学科选题，因此许多学者将研究网络舆情的理论或方法作为视角，研究舆情的演化过程，并建构政府对舆情的回应策略和监督管理策略。

整体来看，各个领域的学者从不同的研究视角对网络舆情的不同类型、不同领域的网络舆情进行探析，并建构相应的对策或路径，为有效引导网络舆情提供了比较丰富的理论和数据支撑。

2. 运用大数据技术深入探索舆情规律

近年来，大数据理论研究和分析方法迅速发展，并广泛应用于多个领域和学科的研究工作，取得了良好效果，有力推动了相关领域科学研究的深入发展。

大数据分析技术在网络舆情研究领域有着广阔的应用和发展空间。大数据技术具有数据体量大、数据类型多、处理速度快、应用价值高等特点和优势，运用大数据技术分析网络舆情，能够进一步深入揭示网络舆情的内在规律，加强和深化对网络舆情规律的认识和把握。

具体来讲，大数据分析技术对于探求网络舆情规律具有三方面的重要意义。

首先，大数据技术有利于提升网络舆情分析工作效率。网络舆情信息纷繁庞杂，不仅数据体量大，而且数据类型复杂多样，涵盖文本、图片、视频等多种类型的信息，仅依靠人工手段或传统技术方法已难以开展网络舆情分析。大数据技术的出现，降低了数据挖掘和数据分析的技术门槛。依托和借助大数据技术，能够对海量数据进行汇集、分类、筛选、整合，大幅度提升分析工作效率和技术水平，在短时间内挖掘出具有价值的规律性信息。

其次，大数据技术有利于保证网络舆情分析工作的客观性。一方面，传统网络舆情分析根据某一主观意图选择部分数据、信息，通过分析做出判断，这可能出现影响结论客观性的情况。利用大数据技术手段，可以获取纯粹的、全部的事实性数据，从而保证网络舆情分析工作的客观性。另一方面，传统舆情分析技术通过随机采样的方式抓取数据，信息采集覆盖面有限，由此分析得出的结论可能与网络舆情的真实情况存在偏差。利用大数据技术分析网络舆情，作为研究对象的数据不是抽样数据，而是全量数据，从而有利于发现真实、客观、全面的网络舆情规律。

最后，大数据技术有利于提高网络舆情分析工作的准确性。大数据技术的发展，突破了传统分析手段只能对网络舆情进行整体性、粗线条研究的瓶颈，使细节化、即时化地测量网民个体的行为和情绪等成为可能。利用大数据技术分析网络舆情，不仅可以对参与网络舆情的网民个体的社会心理、行为变化等进行精确地测量与刻画，而且有利于发现舆情背后未被认识的、广泛而深入的内在关联，从而准确研判网络舆情的发展趋势，提高舆情预测能力和水平。

3. 通过事后评估深化对舆情规律的认识

除了从跨学科视角认识舆情规律、运用大数据技术探索舆情规律之外，从工作流程角度来看，还应通过事后评估机制，深化对舆情规律的认识。

在金融网络舆情事件结束之后，应对整个舆情发展过程进行全面回顾和反思，开展整体性分析评价，既要及时总结应对网络舆情的得失成败，也要回溯网络舆情的形成、传播、演化规律，结合实际案例加深对网络舆情规律的理解和认识，最终实现不断提升网络舆情的应对能力和水平的目标。

（二）密切关注苗头倾向

我国战国时期文学家宋玉在《风赋》中称，"夫风生于地，起于青蘋之末"。按照生命周期理论，每个事物的发展变化都要经历出现、发展、高潮、结束四个阶段，金融网络舆情也不例外。做好金融网络舆情应对，密切关注苗头倾向，做到风险的早发现、早预警、早处置，努力把问题解决在萌芽状态和早期阶段，对于防范和化解金融风险具有重要意义。因此，做好网络舆情监测是金融网络舆情应对工作的重要基础。

开展金融网络舆情监测，不仅有利于及时掌握和了解社会公众对当前经济金融热点、焦点问题的看法和意见，发现潜在的问题，而且还能够为金融管理部门或金融机构进行决策提供参考依据，有利于维护金融行业稳定。

开展金融网络舆情监测，可以着力做好三方面的工作：一是建设金融网络舆情监测平台；二是构建金融舆情调查制度；三是建立金融网络舆情监测和研判专业化队伍。

1. 建设金融网络舆情监测平台

随着互联网时代的深入发展，新技术迅速兴起并日益成熟，已成为网络舆情领域新的增长点。依靠现代科学技术，金融网络舆情监测可以通过大数据等技术实时获取和分析相关数据信息，并通过指标、模型的方式展现，在此基础上进行分析、研判、预测，为后续的处置、宣传、引导工作提供参考依据。可以说，新技术的出现和发展，使科学开展金融网络舆情应对成为可能。

具体来讲，可以利用互联网、大数据等技术，建立金融网络舆情监测平台，追溯金融热点话题的来源，抓取信息传播的关键节点，掌握信息的传播链条，分析网络舆论对相关信息的反应，从而实现对金融网络舆情的有效监测。

建立一套客观、完善的监测指标体系，是金融网络舆情监测平台能够实现预期目标的重要环节。监测指标体系是由一些相互联系、互为补充的指标组合而成的统一整体，能够反映金融网络舆情的整体情况。指标体系以多指标、多层次的方式展示事物之间的关联性和系统性，将整体情况分解成多个相互联系的部分，通过分析研究各个部分之间的关系，全面系统地认识整体。

建立金融网络舆情指标体系，具有三个方面的重要意义：首先，有助于客观评价金融网络舆情，通过定量分析和定性分析相结合，实现综合全面分析研判，提升金融网络舆情研判的准确性。其次，有助于指导金融网络舆情监测，明确金融网络舆情信息采集的方向、来源、范围和重点。最后，指标体系涉及金融网络舆情生命周期全过程，有利于全面系统地掌握金融网络舆情的发展情况和过程，从中挖掘有价值的信息，并可以通过相关指标发现金融网络舆情中可能存在的问题和风险点。

构建金融网络舆情指标体系，需要遵循四方面的原则：

一是目标导向。构建金融网络舆情指标体系，要保证选取的相关指标能够准确反映舆情的真实情况和本质，符合金融网络舆情的形成、传播和演化规律，能够为金融网络舆情监测工作提供科学参考，从而开展后续的处置、宣传、引导等工作。

二是简洁务实。构建金融网络舆情指标体系的最终目的是开展监测工作，相关指标必须能够而且便于实际操作，否则，指标体系会与监测工作实际脱节，也就失去建立指标体系的意义。因此，必须考虑获取和分析处理相关数据的可行性和可操作性。

三是科学合理。选取的相关指标需要具备科学性，符合传播学、社会学、经济学等专业理论原则，尽量减少主观因素。同时，相关指标需要具有合理性，符合金融网络舆情监测工作实际情况。

四是系统全面。金融网络舆情的收集和研判工作是一个复杂的工程，指标体系需要具有全面性、系统性、完整性，同时各项指标相关联系、互为补充，构成一个有机整体，从而能够多层次、多视角地描绘和刻画金融网络舆情。

2. 构建金融舆情调查制度

大数据、互联网等新技术在数据收集、分析方面有其明显优势，但经济金融问题通常具有较强的专业性，因此，在通过金融网络舆情监测平台广泛获取互联网上相关数据的同时，还需构建金融舆情调查制度，利用"互联网＋舆情调查"的方式收集各个社会群体有关金融问题更有深度、更为专业的观点和建议，推动互联网抓取数据和抽样调查数据之间相互印证、形成补充，从而更加全面、客观地反映金融网络舆情。

金融舆情调查制度是一种系统、科学地了解各个社会群体对金融类话题态度的方式，其通过抽样方法和标准化访问，了解抽中样本的态度，经过统计分析得出特定范围内舆情的总体态势。

金融舆情调查具有以下四个方面的特点和优势：

一是发现大范围、不同群体的总体舆情。舆情调查运用科学抽样，能够通过调查小规模样本来推论总体，因此可以发现更大范围、更多数量社会群体的观点，具有向较多人口开展调查的能力。

二是样本代表性强，能够反映沉默者的声音。舆情调查使用抽样技术，能够覆盖到更多类型的群体和人口，样本的代表性较强。同时，舆情调查按照统计理论进行随机抽样，强调样本的代表性，每一个个体被抽中的机会是均等的，有利于发现和反映不主动表达观点和声音的个体的观点，从而全面反映金融舆情总体情况。

三是调查方法科学，有利于反映真实舆情。目前，统计调查技术和程序已经非常成熟和完备，有专业的、科学的测量舆情的调查原则和方法工具，不仅有多种类型、互为补充的抽样技术，而且整体设计、问卷设计、人员培训、监督控制等环节都有相应的方法和措施，保证调查的质量。

四是舆情调查易于指标化，便于分析金融舆情走势。舆情调查采取定量研究的方法，调查问卷的选项可以被赋予不同的数值，有利于调查结果的数量化、指标化。使用精心设计的问卷定期开展金融舆情调查，可以获得连续性数据，从而进行不同阶段金融舆情态势的比较分析，基于舆情以往走势、目前状况，更有利于准确判断舆情下一步发展趋势。

建立金融舆情调查制度，对于做好金融网络舆情应对工作具有以下三方面的现实意义：

第一，有利于深入了解金融领域社情民意。金融发展事关社会公众切身利益，长期以来，金融相关话题都受到社会公众的高度关注。建立金融舆情调查制度，能够密切跟踪和关注金融行业的新情况、新问题和相关苗头倾向，及时捕捉舆论热点，在制定政策措施或经营决策前充分考虑专家、机构、公众的意见建议和关注重点。

第二，有利于及时发现潜在问题，为后续应对工作做好准备。做好金融舆情调查，可以提前反映金融领域焦点事件对经济社会和人民生活造成的影响，为制定处置措施、科学宣传引导提供依据。

第三，有利于科学合理决策，维护经济金融稳定。宏观经济调控和金融管理部门的政策措施在宏观经济运行和金融行业发展中发挥着至关重要的作用，加强经济金融运行的前瞻性和动态性分析，是相关部门合理制定、有效实施宏观调控政策和行业管理措施的前提。在政策措施出台后，也要加强对政策效应的监测，及时组织金融舆情调查，了解社会各界的反映，根据政策效果的好坏和情况的变化，及时对政策措施进行完善和调整。

开展金融舆情调查，需要关注以下三方面的问题：

首先，要明确调查内容。金融舆情调查内容可分为四个层面：一是决策参考调查。在重要政策措施出台前开展调查，从总体上了解社会各个群体对政策措施的看法。二是政策效果调查。在政策措施出台后，及时掌握、收集各方面的反映。三是热点调查。针对经济金融运行中社会比较关注的问题开展调查，广泛了解各方的观点和看法。四是突发事件调查。及时了解有关经济金融突发事件对国民经济、群众生活的影响。

其次，建立相对固定的调查对象群体和长期资料库。根据金融舆情调查的需要，可以从不同行业、不同部门、不同群体中选择舆情调查对象，建立相对固定的调查对象数据库，如政府官员群体、专家学者群体、企业家群体、社会公众群体等，构建一个全面的舆情调查数据库。此外，应注重数据库建设的长期性。建立长期舆情变动趋势调查的资料库，有助于提升金融舆情调查的效果。金融网络舆情的发展变化较为复杂，一次调查结果可能难以科学体现其发展规律和趋势。建立金融舆情调查的资料库，有利于充分利用调查信息、节约调查成本、获得更有价值的分析结果，从而为科学把握金融网络舆情、合理制定应对措施奠定坚实基础。

最后，通过互联网等途径开展金融舆情调查。可以利用互联网技术，通过社会公众乐于接受的、效率高、成本低的方式开展金融舆情调查，如在官方网站、官方微信公众号等发布调查问卷，或设立讨论区邀请被调查对象发布看法、征求各方意见建议，也可以加强与主流经济媒体、知名财经网站开展合作，开展金融舆情调查。

3. 建立金融网络舆情监测和研判专业化队伍

人才是最重要的战略资源。打造一支理论水平高、专业素质强、实践经验丰富的舆情研判人员队伍，是做好金融网络舆情监测和研判的关键环节。这支队伍应做到专业背景多元化，知识结构合理，尽量涵盖传播学、社会学、经济学、统计学、计算机等相关专业。同时，还要加强专业培训。对从事金融网络舆情监测和研判工作的人员进行定期培训，组织开展相关培训班、研讨会、交流会，或与相关高等院校、研究机构、服务提供商建立联合培养机制，引导工作人员加强对相关专业知识和技术发展趋势的学习和研究。

金融网络舆情研判人员要根据从多种渠道获得的信息和数据，通过科学方法预测舆情走势，尤其是对可能引发舆论热议的话题进行评估研判，综合考量舆情涉及的范围、关联群体、可能的后果等因素，对事件的性质和特点、舆情未来走势进行评估预测，形成报告，为后续的舆情预警、处置、引导等环节提供依据，做到见微知著、防患未然，争取将问题解决在萌芽阶段。在出现重大金融网络舆情事件苗头和倾向的情况下，还可以考虑组建临时的研判专家组，组织相关专家和学者进行分析研讨，提出对策建议。

金融管理部门或金融机构如果暂不具备建立金融网络舆情监测和研判专业队伍的条件，也可以考虑向专业舆情研究机构购买相关服务，向相关机构提出个性化需求和关注重点，从而获得符合自身需要的网络舆情监测和研判服务。

案例：中国人民银行各地分支机构积极开展金融网络舆情监测

多年来，中国人民银行高度重视金融网络舆情监测，各地分支机构积极开展相关工作，积累了丰富经验。

（1）人民银行汕头市中心支行持续开展外汇线条舆情监测取得良好效果。

按照上级工作部署，人民银行汕头市中心支行国际收支科高度重视外汇线条舆情监测工作，高效利用舆情监测平台、各类搜索引擎以及特殊软件工具，达到了较广的监测覆盖面，取得了良好的监测效果，成功持续捕捉国内外外汇市场最新动向与敏感信息，为外汇管理工作提供良好、稳定、有利的舆论环境。

资料来源：中国人民银行. 人民银行汕头市中心支行持续开展外汇线条舆情监测取得良好效果［EB/OL］. http：//guangzhou. pbc. gov. cn/guangzhou/129140/38596 80/index. html. （2019－07－15）［2020－11－06］.

（2）人民银行吐鲁番地区中心支行召开金融运行暨舆情监测分析工作会。

为进一步做好吐鲁番地区金融运行监测工作，营造良好的金融发展环境，2015 年 6 月 11 日，人民银行吐鲁番地区中心支行和吐鲁番市金融办联合召开了吐鲁番地区 2015 年 1～5 月金融运行及舆情监测分析工作会。会议通报了吐鲁番地区金融运行情况，签订了《加强舆情监测确保金融稳定承诺书》，并对下一阶段金融工作提出要求：一是增强信心，加大对优势产业的信贷投入和扶持力度。二是优化信贷结构，盘活存量，增加增量，加大资金支持力度。三是创造条件，改善和缓解中小企业融资难问题。四是积极做好金融扶贫开发和金融支持安居富民工程相关工作，积极履行银行业金融机构社会责任。五是加大对经济金融舆情的研判力度，落实各项金融稳定工作，处理好促发展和防风险的关系。

资料来源：中国人民银行．人民银行吐鲁番地区中心支行召开金融运行暨舆情监测分析工作会［EB/OL］．http：//wulumuqi．pbc．gov．cn/wulumuqi/2927324/2903255/index．html．（2015－07－21）［2020－11－06］．

（3）人民银行固原市中支着力满足社会金融服务需求。

2017 年，人行固原市中支下沉重心，综合施策，不断将金融服务工作做深、做实、做细，有效提升了整体服务效能。

其中，在外汇工作方面，注重提升外汇服务能力。中支紧跟外汇管理总局舆情监测工作要求，配合宁夏分局开展 2017 年舆情监测。截至 10 月末，上报舆情信息点被总局采用 1350 条，在全国 36 个分局中排名第一。灵活开展辖内银行、企业和个人主体外汇业务全貌监测分析，及时、准确、全面地掌握涉外经济和外汇收支形势。截至 10 月末，固原市县域实现外汇收入 162.37 万美元，同比增长 63.38%，占全市外汇收入的 93.3%。

资料来源：中国人民银行．人行固原市中支着力满足社会金融服务需求［EB/OL］．http：//yinchuan．pbc．gov．cn/yinchuan/119962/3445893/index．html．（2017－12－21）［2020－11－07］．

案例：中国邮政储蓄银行积极探索金融网络舆情监测工作

作为金融机构，中国邮政储蓄银行积极开展金融网络舆情监测的探索。

（1）邮储银行宜春市分行建立"常态化"舆情监测管理机制。

为进一步建立健全舆情信息管理体系，提高舆情监测和应对能力，充分发挥舆情监测队伍的"稳定器"作用，邮储银行宜春市分行在全市范围内组建舆情监测引导队伍，确保舆情监测工作制度化、规范化、常态化，对负面舆情做到早发现、早预警、早处置。

重在预防。要求辖内各单位应积极完善舆情管理工作体系，将声誉风险管理工作与日常业务发展、银行经营管理相结合，加强声誉风险管理基础研究，充分发挥现有的视频会议、学习专栏等载体，通过正面典型与警示教育相结合，有计划、有步骤地提高全行员工的舆情管理能力，切实做好全行的声誉风险防范工作。

实时监测。每位舆情员在各大网络热点论坛上注册账号，每个工作日分早晚两次登录论坛，实时监控网络舆情。舆情的内容包括但不限于通过报刊、广播、电视、网站等媒体进行新闻报道所反映出来的公众意见，以及公众通过网络论坛、博客、新闻评论页面、QQ、微博、微信等媒介渠道所反映出来的公众意见。

资料来源：央广网 . 邮储银行宜春市分行建立"常态化"舆情监测管理机制［EB/OL］. http://jx.cnr.cn/caijing/jinrong/20170525/t20170525_523771848. shtml.（2017 - 05 - 25）［2020 - 11 - 08］.

（2）邮储银行安庆市分行：强化声誉风险管理切实提高监测与预警水平。

邮储银行安庆市分行按照声誉风险管理的职责、权限和路径，采取必要措施，持续、有效监测、控制和报告可能发生的声誉风险，推进舆情应对管理工作制度化、规范化和常态化。

强化日常监测，在手段上降低舆情风险。按照预案要求实行专人24小时监测，利用好市政府市民心声和银监部门的舆情网络，及时浏览本地的一些重要网站、论坛，特别是一些自媒体，强化对网络舆情实施持续监控，针对突发性负面新闻做到及时关注、及时报告、及时处理、及时跟踪，力争将不良影响降到最低。

资料来源：安徽网．邮储银行安庆市分行：强化声誉风险管理　切实提高监测与预警水平［EB/OL］．http：//www.ahwang.cn/content/2018－06/15/content_1814006.html.（2018－06－15）［2020－11－09］.

（3）中国邮政储蓄银行浙江省分行发布舆情监测服务采购项目招标公告。

2020年4月26日，中国邮政储蓄银行浙江省分行发布招标公告称，本项目拟采购中国邮政储蓄银行浙江省分行舆情监测服务。包括但不限于以下内容：一是网络信息监测与预警：全网信息监测，负面舆情实时通报；二是线下研究报告：基于平台监测到的信息范围提供的研究咨询服务，按要求编制舆情日报、月报、季报、半年报告、年度报告及专项、高危机事件分析报告；进行新闻舆情分类整理归档；三是舆情培训：声誉风险管理工作提升理论培训及重大舆情事件桌面演练培训（每年一次，共计两次）。

资料来源：中国邮政网．中国邮政储蓄银行浙江省分行舆情监测服务采购项目招标公告［EB/OL］．http：//www.chinapostnews.com.cn/html1/report/20042/667－1.htm.（2020－04－26）［2020－11－09］.

（三）稳妥推进应对处置

稳妥推进金融网络舆情应对处置工作，是有效提升金融网络舆情应对效果的重要保障。金融热点事件往往通过网络舆论迅速传播，并可能演化成为风险事件，甚至最终引发金融风险，影响经济稳定运行。因此，做好金融网络舆情应对处置工作，是防范和化解金融风险的重要环节，也是保持经济金融平稳运行的重要方面。

《礼记·中庸》称，"凡事预则立，不预则废"。稳妥推进金融网络舆情应对处置工作，一个重要的前提条件是做好处置预案的编制。金融网络舆情处置预案是为应对金融网络舆情事件而预先制定的方案，即处置的基本规则和操作指南。金融网络舆情处置预案应根据相关法律法规制定，目的是提高应对处置金融网络舆情事件的能力，最大程度上预防和减少金融网络舆情可能产生的负面影响。

随着互联网的迅速发展和金融业在国民经济中的重要性日益提高，金融网络舆情的影响力不断扩大，应对处置不当可能造成巨大的不良影响，因此制定金融网络舆情处置预案具有非常重要的意义。

第一，有利于明确职责，加强各方协同。在处置预案中明确规定相关方面的职责范围、组织体系、运行机制、工作程序等内容，有利于综合考虑各方面因素，统筹协调各方面力量，抓住有利时机，把握应对尺度，指导金融网络舆情应对处置工作迅速有序地开展，从而取得理想的应对处置效果。同时，制定预案有利于加强各部门之间的信息共享，在短时间内调动各方面力量协调联动，迅速及时应对处置金融网络舆情事件。

第二，有利于稳妥处置，减少负面影响。网络舆情通常较为复杂，而且发展迅速，金融网络舆情更是如此，因此应对处置的时机和方法至关重要，时机不当或方式不妥都可能导致网络舆情加速向消极负面的方向发展，给后续应对工作带来更大的难度。而制定金融网络舆情处置预案有利于尽量减少或完全避免错误操作，实现科学应对、合理处置，最大程度降低金融网络舆情事件的消极影响，甚至为引导舆情朝着正面积极的方向发展创造条件。

第三，有利于总结经验，持续提升应对水平。金融网络舆情的发展变化具有较强的差异性、随机性，这也大大增加了应对处置工作的难度。同时，随着互联网技术的发展，网络应用不断创新，信息传播特点和规律也发生了巨大变化，金融网络舆情应对处置工作需要根据这些新变化、新特点、新规律进行调整、完善和创新。制定金融网络舆情应对处置预案有利于总结以往成功处置的经验和做法，吸取失败案例的教训和不足，有针对性地对各方面工作、各相关环节进行改进和完善，从而持续提升应对处置的能力和水平。

第四，有利于居安思危，增强风险防范意识。金融网络舆情应对预案确定后，需要定期开展培训和演练，这不仅能够促进相关人员熟悉预案内容和操作规范流程，提升工作能力和应对水平，而且客观上具有宣传效果，有利于相关人员增强风险意识，平时做好风险防控工作，防患于未然。

制定金融网络舆情处置预案，需要坚持尊重规律、依法依规、迅速有效、分工明确四方面的原则。

一是尊重规律。金融网络舆情具有特有的发展变化规律，在制定金融网络舆情处置预案时必须高度重视和合理利用这些规律。要深入理解和把握金融网络舆情传播的运行机制，稳妥处理传播主体之间的关系，是做好金融网络舆情处置预案编制工作的重要前提。同时，预案的指导思想、工作程序、手段措施应具有科学性、系统性，不仅要符合事物发生发展的机理和规律，而且应是一个有机联系、环环相扣的严密体系，从而保证预案的有效性。

二是依法依规。《中华人民共和国突发事件应对法》已经于2007年11月1日起施行，国务院也陆续出台《国家突发公共事件总体应急预案》、国家专项应急预案、国务院部门应急预案，这些法律法规和应急预案为制定金融网络舆情处置预案提供了法律依据和重要参考。

三是迅速有效。网络舆情通常传播迅速，金融网络舆情更是受到社会高度关注，如果处置不够及时或失当，有可能推动事件的恶化，造成范围更大、更严重的影响。处置预案是应对工作的指南和依据，按照预案开展工作，能够实现迅速响应、科学合理、切实有效的预期目标，才是制定金融网络舆情处置预案的目的。

四是分工明确。金融网络舆情处置不仅要迅速及时，而且要加强统筹协调，从而向社会释放清晰明确的信号，增强各个方面的信心，实现金融网络舆情的稳妥应对。因此，在制定处置预案阶段，要在处置预案中明确各个部门的职责权限、权利义务，按照事件的性质类型、表现形式、影响范围等要素，明确规定牵头部门和工作流程，从而保证应对处置工作能够协调有序、运转高效。在制度建设方面，应努力建立统筹协调的长效工作机制。可考虑以法律法规或规章规则等文件的形式，明确规定金融网络舆情应对处置的协调工作机制，形成制度化、运转流畅、可操作的联动机制，具体可包括联席会议机制、信息共享机制、联合行动机制等内容。在执行处置预案阶段，需要依据应对处置预案，加强相关方面协调配合，建立政府部门、金融管理部门、金融机构等多方面共同参与的应对处置工作体系，明确职责分工，加强统筹协调，实现信息共享，形成工作合力，做到步调一致、口径一致、行动一致，提高应对处置金融网络舆情的工作效率和能力水平。

案例：中国银行保险监督管理委员会公布《银行保险机构应对突发事件金融服务管理办法》

2020 年 9 月，中国银行保险监督管理委员会公布《银行保险机构应对突发事件金融服务管理办法》（以下简称《办法》），为监管部门和银行保险机构应对特殊时期金融服务提供监管指引和行为规则。《办法》共分为总则、组织管理、业务和风险管理、监督管理、附则五个部分。

其中，部分条款对应对突发事件过程中的部门协调、应对预案、工作原则、舆情处置等内容做了明确规定。例如：

第三条　银行保险监督管理机构应当切实履行应对突发事件的职责，加强与县级以上人民政府及其部门的沟通、联系、协调、配合，做好对银行保险机构的指导和监管，促进银行保险机构完善突发事件金融服务。

第四条　银行保险机构应当做好应对突发事件的组织管理、制度和预案体系建设工作，及时启动应对预案，健全风险管理，确保基本金融服务功能的安全性和连续性，加强对重点领域、关键环节和特殊人群的金融服务。

第五条　应对突发事件金融服务应当坚持以下原则：

（一）常态管理原则。银行保险机构应当建立突发事件应对工作机制，并将突发事件应对管理纳入全面风险管理体系。

（二）及时处置原则。银行保险机构应当及时启动本单位应对预案，制定科学的应急措施、调度所需资源，及时果断调整金融服务措施。

（三）最小影响原则。银行保险机构应当采取必要措施将突发事件对业务连续运行、金融服务功能的影响控制在最小程度，确保持续提供基本金融服务。

（四）社会责任原则。银行保险机构应当充分评估突发事件对客户、员工和经济社会发展的影响，在风险可控的前提下提供便民金融服务，妥善保障员工合法权益，积极支持受突发事件重大影响的企业、行业保持正常生产经营。

第六条　国务院银行保险监督管理机构应当积极利用双边、多边监管合作机制和渠道，与境外监管机构加强信息共享，协调监管行动，提高应对工作的有效性。

第二十六条　银行保险机构应当加强突发事件期间对消费者权益的保护，确保投诉渠道畅通，及时处理相关咨询和投诉事项。银行保险机构不得利用突发事件进行诱导销售、虚假宣传等营销行为，或侵害客户的知情权、公平交易权、自主选择权、隐私权等合法权利。

银行保险机构应当加强声誉风险管理，做好舆情监测、管理和应对，及时、规范开展信息发布、解释和澄清等工作，防范负面舆情引发声誉风险、流动性风险等次生风险，保障正常经营秩序。

资料来源：中国银行保险监督管理委员会网站．中国银保监会发布《银行保险机构应对突发事件金融服务管理办法》［EB/OL］．http：//www.cbirc.gov.cn/cn/view/pages/ItemDetail.html？docId＝929565&itemId＝928.（2020－09－16）［2020－11－26］．

案例：北京市编制并印发《北京市金融突发事件应急预案》

2018年，北京市编制了《北京市金融突发事件应急预案》（以下简称《预案》），并已经以市应急委名义正式印发实施。

北京是国家金融管理部门、金融企业总部、大型国际金融组织和重要金融基础设施所在地，做好金融突发事件应急处置工作对于维护首都金融安全稳定意义重大。金融领域风险点多面广，隐蔽性、复杂性、突发性、传染性、危害性强，发生重大金融突发事件如应对处置不当，将对首都经济金融安全和社会和谐稳定造成巨大影响，甚至迅速波及全国其他地区、相关行业领域，触发系统性金融风险。

依据《中华人民共和国突发事件应对法》《中华人民共和国中国人民银行法》《中华人民共和国商业银行法》《中华人民共和国银行业监督管理法》《中华人民共和国证券法》等法律法规及有关规定，本市编制了《预案》，是保障首都金融体系乃至全国金融体系安全、守住不发生系统性金融风险底线的迫切需要。

《预案》共8章，包括了总则、组织指挥体系与职责、监测与预警、金融突发事件的等级、金融突发事件应急处置程序、后期处置、应急保障、附则及附件。《预案》明确处置金融突发事件的职责和分工，建立金融突发事件应急工作体系，健全快速反应机制，还明确了由市金融服务工作领导小组统一领导全市金融突发事件应急处置工作，确定了其具体职责。

《预案》突出金融风险监测防范，把主动防范化解系统性金融风险摆在突出重要位置，强化了金融风险监测、风险评估、风险防范、预警响应的内容。值得一提的是，《预案》还重点考虑金融突发事件行业属性，坚持"管行业必须管风险"，与中央金融监管部门在京派驻机构协同合作，加强本市相关部门监管协作，构建分级负责、分类处置、综合协调的金融突发事件应对体系，完善应急响应处置措施。

资料来源：北京市人民政府门户网站.《北京市金融突发事件应急预案》发布［EB/OL］. http：//www. beijing. gov. cn/zhengce/zcjd/201905/t20190523_78745. html. （2018 - 09 - 01）［2020 - 11 - 12］.

在制定好金融网络舆情处置预案的情况下，还需要加强处置预案演练工作。开展金融网络舆情处置预案演练是提升处置能力和水平的重要途径，也是检验处置预案是否科学合理有效的重要手段。演练既要注重针对性，又要体现实效性。为了取得预期效果，需要事先制定详细的分工计划，加强各部门之间的密切配合，确保责任落实到位。针对演练过程中发现的问题和薄弱环节，要深入分析原因、总结经验、科学评估，在此基础上有针对性地修订和完善处置预案，不断提高处置预案的科学性、合理性、可行性。

案例：山东省青岛市成功举办重大金融突发舆情事件应急演练

近年来，随着信息科技的发展和信息传播速度的加快，网络舆情对经济金融运行的影响力越来越大。为切实提高应对金融突发舆情事件的综合处置能力，在人民银行青岛市中心支行的大力推动下，青岛市政府于2013年10月25日组织开展了一次全市重大金融突发舆情事件应急演练。

此次演练主要设计了民间借贷案件导致法人银行资金损失、案件引发法人银行负面舆情事件、舆情事件不断升级和进一步恶化等演练科目，在场景设计上注重贴近实际，在处置操作上注重符合实战。参演单位协调配合、互助联动，演练流程衔接紧凑、应对科学，达到了预期的目的。通过演练，我市检验了沟通协作机制的有效性，建立了处置此类突发事件的综合指挥体系，完善了金融应急预案体系，提高了综合应急处置能力。

资料来源：中国人民银行网站．我市成功举办重大金融突发舆情事件应急演练〔EB/OL〕．http：//qingdao．pbc．gov．cn/qingdao/126161/2558401/index．html．（2013－10－28）〔2020－11－15〕．

**案例：国家外汇管理局山西省阳泉市中心支局组织开展
负面舆情响应应急演练**

2017年11月21日，国家外汇管理局山西省阳泉市中心支局组织开展突发外汇负面舆情响应应急演练。机关相关职能科室负责人及外汇管理科全体人员参加了演练及观摩。

本次演练由国家外汇管理局山西省分局督导，阳泉市中心支局具体承办。为做好此次演练工作，阳泉市中心支局领导高度重视，成立了外汇管理舆情应急工作小组。结合实际，中心支局制定了《阳泉市中心支局外汇管理负面信息舆情应对演练预案》。

应急演练由负面信息舆情发现、启动预案、制定措施、应对处置、总结报告五个步骤组成。演练以模拟开展"实战演练"为形式，负面信息舆情应对应急演练执行小组按照实施方案程序进行处置，积极应对突发舆情事件，共编发 10 条信息、2 个案例，完成演练并汇总情况，填制《外汇管理负面信息舆情应对应急演练记录表》，向外汇管理舆情应对应急演练领导小组汇报整个演练过程和应对处置结果。按照分管局领导要求，对外汇管理舆情应对应急演练实效性进行全面评估，撰写了《外汇管理负面信息舆情应对应急演练评估报告》及工作总结，上报省分局。

通过突发外汇负面舆情响应应急演练，检验了上级分局与地市支局协调配合的效力，锻炼和提高了基层外汇管理部门有效应对突发事件的组织指挥、协调配合、快速反应及人员的应急实战处置能力，检验了《阳泉市中心支局外汇管理负面信息舆情应对演练预案》，有效防范了外汇领域金融风险。

资料来源：中国人民银行网站. 国家外汇管理局阳泉市中心支局组织开展负面舆情响应应急演练［EB/OL］. http://taiyuan. pbc. gov. cn/taiyuan/133958/3442854/index. html.（2017 - 12 - 19）［2020 - 11 - 16］.

此外，还应做好金融网络舆情处置预案的事后评估工作。在处置金融网络舆情事件之后，舆情进入恢复期，相关舆情信息的数量会明显减少，社会关注度会显著降低，但这并不代表整个舆情事件完全结束，仍然需要妥善处理相关后续工作，否则，舆情可能无法彻底平息，并可能再度引发关注和热议。在金融网络舆情事件彻底解决、舆论归于平静之后，金融管理部门或金融机构需要进行事后评估，加强总结经验，形成舆情事件应对处置的分析报告，同时修订处置预案和相关工作机制，为以后处置类似金融网络舆情事件积累经验、提供借鉴。

（四）积极做好宣传解读

积极做好宣传解读工作，增强应对金融网络舆情的主动性，对于把握处置金融网络舆情事件的主动权，合理引导社会公众预期，构建良好的金融网络舆论氛围，营造健康的经济金融发展环境，具有十分重要的意义。

做好宣传解读工作，需要遵循迅速及时、公开透明、主动真诚、简洁有力的原则。

第一，迅速及时原则。网络舆情通常传播速度快、影响范围广、发展变化多样，金融网络舆情更是具有主体预期多元化、失控破坏力强等特点，因此，对于金融网络舆情热点事件，相关部门的宣传、回应必须注重时效，坚持"第一时间"原则。在舆情热点事件发生后，相关部门应尽快掌握、梳理相关背景资料，详细了解事件的来龙去脉，在最短的时间内发布真实信息、权威解读或客观评论，让社会了解事件的真相，了解相关部门的态度和应对措施，从而有效排除各种不实信息的干扰，防止谣言滋生和蔓延，实现既树立公信力和良好形象，又维护社会民众利益、保障经济金融稳定运行的目标。按照美国心理学家洛钦斯提出的首因效应，第一印象并非总是正确的，但却是最鲜明、最牢固的，往往对人们以后的判断、评价产生不可忽视的影响。因此，在金融网络舆情事件发生后，金融管理部门和金融机构及时迅速地开展宣传、回应，有利于获得舆论主导权，为金融网络舆情的后续引导创造有利条件。

第二，公开透明原则。信息公开透明是应对金融网络舆情的基本原则。金融网络舆情事件和社会公众的切身利益密切相关，信息不公开、不透明可能引发或加剧民众的焦虑心理和不满情绪，导致负面舆情的产生和扩散，透支社会公众的信任，进而引发更大的危机。坚持公开透明原则的重要作用是及时把握社会各方面的信息需求，在最大程度上满足公众的知情权，保障社会民众的切身利益，同时也能够赢得社会公众的理解和支持，保持社会情绪稳定，消除疑虑和误解，从而有利于最终稳妥应对金融网络舆情事件。

第三，主动真诚原则。主动真诚的沟通态度在金融网络舆情宣传解读工作中具有关键作用。在开展宣传工作时，相关部门应保持积极主动的态度，勇于面对金融网络舆情中暴露出来的问题和挑战，积极地针对事件提出应对方案和措施，避免消极的躲避、推诿或拖延。主动、真诚的态度不仅可以塑造良好、正面的政府或企业形象，而且有利于在应对金融网络舆情过程中消除社会群体的心理波动，促进各方之间的沟通交流和协同努力，引导金融网络舆情朝着积极、正面的方向发展。

第四，简洁有力原则。做好金融网络舆情宣传解读，还要注意宣传语言的使用技巧。开展宣传解读工作时，要直截了当、开门见山，多使用简洁、务实、通俗、有亲和力的语言，不说空话、废话和套话，多列举事实，用数据说话，并考虑受众的群体特征、背景经历、心理状态等因素，多使用通俗易懂的语言，少用晦涩难懂的专业术语，让受众从内容上和心理上易于理解和接受，拉近与受众的心理距离，为金融网络舆情的处置和引导创造有利条件。

具体来讲，做好宣传解读工作，妥善应对金融网络舆情，可着重从建立宣传制度和拓展宣传途径两方面入手：

第一，建立网络舆情新闻发言人制度。

根据现代公共管理学理论，新闻发言人制度是构建现代行政体系的重要内容。设立专职新闻发言人，代表政府部门或企业向社会公众发布和披露相关信息，开展宣传工作，可信度高、权威性强，目前已经成为大多数国家政府和企业机构认可和推行的制度和模式。

而网络舆情新闻发言人是传统新闻发言人制度在网络信息时代的发展和延伸。在网络舆情重要性日益提高、经济金融问题持续受到社会高度关注的背景下，可以借鉴新闻发言人制度，在金融管理部门或金融机构设置网络舆情新闻发言人职位，主要负责定期对金融网络舆情相关情况进行介绍、解读，在金融网络舆情事件发生后负责公开真实信息，宣传应对处置措施，进行权威解读和评论。

网络新闻发言人在应对金融网络舆情过程中具有独特的作用，其主要特点如下：

一是形式灵活。网络舆情新闻发言人信息发布形式较为灵活，可通过多种形式、多种渠道发布信息，不一定局限于召开新闻发布会，这样既能够很好地体现信息公开的力度，也能够迅速、充分地保障社会公众的知情权。

二是互动性强。网络舆情新闻发言人不仅承担着将金融管理部门或金融机构的信息传递给社会公众的任务，而且也是双方沟通的桥梁和渠道。在应对金融网络舆情过程中，网络舆情新闻发言人既可以将真实情况、处置进展、立场态度传递给社会公众，表现出负责任的政府或企业形象，也能够收集、汇总社会公众的意见建议、情绪诉求，作为应对金融网络舆情的决策依据。

设立网络舆情新闻发言人，需要做好操作流程规范和绩效考核评价两方面工作，从而保证网络舆情新闻发言人制度能够发挥良好的作用，实现预期工作目标。在操作流程规范方面，要借鉴新闻发言人制度实施过程中的经验和教训，建立部门内部和部门之间的协调联动工作机制，充分沟通，统一口径，通过网络舆情新闻发言人集中进行信息公开，防止不同部门、不同渠道对热点事件做出不同解读，避免社会公众的误读和曲解。在绩效考核评价方面，要构建评价指标体系，以量化方式对网络舆情新闻发言人进行评价，并在此基础上总结形成网络舆情新闻发言人培训机制，不断提升发言人的业务素养和技能水平，从而提高金融网络舆情应对工作的质量和效率。

第二，拓展宣传途径和渠道。

一方面，要建立和发展与传统媒体的合作。媒体是政府、企业与社会公众沟通的桥梁和纽带，发挥好媒体的作用，对于应对舆情事件能够达到事半功倍的效果。在金融网络舆情事件发生后，通过与媒体的有效合作与联动，能够对舆情事件的发展起到至关重要的作用。

目前，传统媒体在很大程度上仍掌握着主流话语权和舆论权威，是社会公众最为信赖的信息来源。传统媒体具有强大的公信力、影响力和传播力，在应对金融网络舆情方面发挥着不可替代的作用。因此，在应对金融网络舆情过程中，金融管理部门、金融机构应加强与传统媒体的沟通与合作。

　　具体而言，金融管理部门、金融机构应努力做好三方面工作：首先，加强与传统媒体的沟通，将传统媒体作为信息公开、宣传解读的主要途径，及时主动公开金融网络舆情事件的相关情况，回应社会公众对事件的关注；其次，充分利用传统媒体在新闻报道的深度、广度、高度方面的特长和优势，围绕金融网络舆情事件，提供有深度、连续性的新闻报道，响应社会公众对真相的渴求，积极主动地用事实引导舆论回归理性；最后，注重平时与传统媒体的沟通联络，建立固定的交流机制，开展制度化、常态化的互动。

案例：中国人民银行各地分支机构积极利用传统媒体开展金融宣传工作

　　（1）安徽省芜湖市中心支行借助电视媒体拓展《征信业管理条例》社会宣传面。

　　2013 年，人民银行芜湖市中支就《征信业管理条例》接受了当地主流媒体——芜湖电视台的专题采访。此次专访充分发挥了主流电视媒体的快捷性、及时性的优势，通过专访活动加深了社会公众对征信法规的认知，拓宽了征信宣传的广度和深度。此次专题采访在晚间黄金档时间播出后，取得了良好的社会效应。相关企业和居民个人有关征信业务的政策咨询电话和业务查询来访数量明显增多，政府相关部门如发改委、地税局等也纷纷来电要求联合举办征信宣传讲座，一些非银行金融机构如小额贷款公司、融资性担保公司和金融租赁公司等在节目播出后，也积极要求申请接入征信系统。

　　（2）人民银行重庆营管部在地方主流媒体组织开展金融 IC 卡专题宣传活动。

　　2012 年 8 月 27 日至 9 月 7 日，人民银行重庆营管部组织工、农、中、建、交、浦发、邮储银行重庆（市）分行、重庆银行、重庆三峡银行 9 家已发行金融 IC 卡的商业银行，在《重庆日报》《重庆商报》两家地方主流媒体连续开展了 10 期金融 IC 卡专题宣传活动。本次专题宣传活动设计了统一的宣传题花，在两家报纸相对固定的版面位置同步推出，保证了较好的整体宣传形象。除了对金融 IC 卡基础知识等规定内容进行宣传外，本次专题宣传还推出了金融 IC 卡知识有奖问答、优惠办理 IC 卡、消费抽奖等活动，加强了对持卡人的宣传，调动了持卡人办卡、用卡的积极性，取得较好效果。此外，腾讯大渝网开辟专栏对金融 IC 卡专题宣传活动进行了报道，华龙网等网络媒体也对专题宣传活动进行了转载，扩大了受众群体，增强了宣传效果。

（3）辽宁省铁岭市中心支行借助地方主流媒体大力开展农村支付环境建设宣传工作。

近年来，人民银行铁岭市中心支行组织涉农银行机构积极开展农村支付环境建设工作，铁岭市农村地区银行卡等支付工具的保有量和业务量连年攀升，农村地区支付服务环境得到了显著改善。为扩大农村支付服务环境建设工作成果，推广普及非现金结算工具和理念，使便捷的支付产品和服务惠及更多农村、农民，铁岭市中心支行与地方主流媒体合作，积极组织开展宣传工作，取得了良好效果。一是与铁岭电视台新闻观察栏目组深度合作，拍摄专题片，宣传了支付结算服务"三农"的重要举措和便利农村支付的先进理念，扩大了人民银行改善农村支付环境工作的影响力。二是与《铁岭日报》记者多次深入农村地区进行实地采访，在《铁岭日报》上刊发了《惠农支付服务网点实现全覆盖》，有力宣传了银行卡助农取款服务和农业银行"惠农通"大型服务工程的工作成果。

资料来源：中国人民银行网站. 芜湖市中心支行借助电视媒体拓展《条例》社会宣传面［EB/OL］. http：//hefei. pbc. gov. cn/hefei/122433/122481/2464678/index. html. （2013 - 09 - 12）［2020 - 11 - 18］；中国人民银行网站. 重庆在地方主流媒体组织开展金融 IC 卡专题宣传活动［EB/OL］. http：//www. pbc. gov. cn/redianzhuan-ti/118742/118681/119141/2863793/index. html. （2012 - 10 - 09）［2020 - 11 - 18］；

中国人民银行网站.铁岭市中心支行借助地方主流媒体大力开展农村支付环境建设宣传工作〔EB/OL〕. http：//shenyang. pbc. gov. cn/shenyfh/2929347/108071/2209692/index. html. （2013 - 03 - 22）〔2020 - 11 - 25〕.

另一方面，要建立和完善新媒体宣传平台。随着移动互联网的发展，微博、微信等新媒体平台迅速兴起。这些新媒体为金融网络舆情的宣传解读提供了便捷多元的途径，同时也为金融网络舆情应对工作带来了新的机遇。在新媒体日益发展的时代，为了有效应对金融网络舆情，必须加强新媒体宣传平台建设，建立多种形式的信息互动模式，丰富宣传解读工作的传播形式，增强传播内容的亲和力，通过新媒体让社会公众更加迅速、更为全面地了解金融管理部门和金融机构应对金融网络舆情的措施和进展，从而促进公众理解和支持金融网络舆情应对工作。

金融管理部门、金融机构应当利用互联网技术建立和完善新媒体宣传体系，建立"三微一端"宣传平台，打造新媒体矩阵。新媒体宣传平台可以发挥以下两方面的作用：第一，及时发布信息。利用新媒体传播面广、传播迅速的特性，扩大传播范围，提升宣传效果，让社会公众在最短的时间内了解金融网络舆情应对工作情况，缓解公众焦虑，引导公众理性看待问题。第二，实现双向互动。可以运用文字、图片、视频等多媒体工具，在新媒体平台引发公众讨论，展开双方的互动交流，有效收集公众的观点和态度，为后续引导舆情、凝聚共识奠定基础。

具体来讲，建设新媒体宣传平台需要做好三个方面的工作：一是加强培训工作。对平台工作人员进行专业性、技术性培训，深入学习传播学、社会学、经济学等相关理论知识，熟练掌握和运用新媒体技术和方法。二是做好沟通互动。按照做好宣传解读工作的四条原则，做好信息发布和宣传解读，少说空话、套话，避免造成公众误解。同时，要加强与网民的互动交流，全面收集评论和建议，分析总结公众的情绪和态度。三是明确工作纪律。建立专业管理团队，负责信息发布和平台维护，制定工作管理规范，严格规定工作纪律。

案例：中国人民银行开通微信公众号

2019 年 8 月 2 日，中国人民银行开通了微信公众号，并推送了第一篇文章《易纲行长致辞：中国人民银行开通微信公众号》。中国人民银行行长易纲致辞原文如下：

各位朋友：

欢迎关注中国人民银行微信公众号。感谢大家长期以来对人民银行工作的关注和支持！

此次开通微信公众号，是人民银行加强与公众沟通的一项新尝试、新探索。我们将通过这一公众号发布官方信息、解读金融政策、介绍金融知识，以帮助大家更加方便地了解人民银行的工作，并对我们的工作提出各项意见和建议。今后，我们将继续丰富完善人民银行与公众沟通的方式，不断提升人民银行各项政策的透明度和公信力。

资料来源：澎湃新闻网．央行开通微信公号，易纲致辞：不断提升各项政策透明度公信力［EB/OL］．https：//www．thepaper．cn/newsDetail_forward_4067747．（2019 - 08 - 02）［2020 - 11 - 28］．

案例：金融宣传巧用新媒体 四川凉山州集中开展 "远离非法校园贷" 系列宣教活动

为加强金融知识宣传教育，引导学生有效防范非法"校园贷"，人行凉山州中支联合银监、公安、网信、学校等部门，抓住新生入学教育的时机，打出防范非法"校园贷"组合拳。

2018 年开学时，西昌学院把防范非法"校园贷"作为新生入学教育的重头戏，加大防范非法校园贷的宣传教育力度。该校通过在宿舍、食堂、礼堂、操场等场合布放视频二维码、在公共场合循环播放视频、微信公众号增加视频入口等方式，方便学生观看"远离非法'校园贷'，不负青春好年华"动画视频。

在凉山州现代职业技术学校里，学生们成群结队地赶往礼堂，开展"抵制非法'校园贷'"活动。在这里，同学们共同观看了"远离非法'校园贷'，不负青春好年华"动画视频，学生代表上台发出了"远离非法'校园贷'倡议"，聘请了一批"抵制非法'校园贷'义务宣传员"和一名"抵制非法'校园贷'公安便民义务联络员"，公安民警向大家讲授了防范"校园贷"的知识和案例，同学们发起了"抵制非法'校园贷'签名"活动。

在人行凉山州中支、凉山州银监局和各学校的多方组织下，宣传活动在西昌学院、凉山州职业技术学校、凉山州民族师范学校、凉山卫校、西昌现代职业技术学校同步开展，覆盖了凉山州所有大学和职业学校，有效增强了同学们防范非法"校园贷"的意识，为他们的求学生涯保驾护航。

这次活动有两个特点，即：抓住开学季，利用这个关键时间节点，重点针对新生开展宣传教育；抓住同学的心，通过动画视频，以移动互联网为载体，最大程度地提升传播效率。早在2018年6月，人行凉山州中支就和西昌学院、各家银行筹备拍摄反对非法"校园贷"的视频。该视频在西昌学院取景，增加了采访大学生的花絮，故事脚本参考权威媒体和具体案例进行反复修改，同学们的接受度高。据不完全统计，已有近两万人次观看了视频，成为利用新媒体提升金融宣传效果的有益探索。

资料来源：中国金融新闻网．金融宣传巧用新媒体　四川凉山州集中开展"远离非法校园贷"系列宣教活动［EB/OL］．https：//www.financialnews.com.cn/qy/tlyd/201902/t20190212_154325.html．（2019-02-12）［2020-12-01］．

总之，围绕金融网络舆情开展的宣传解读，最根本的还是要重视内容建设。相关部门应积极利用多种手段创新和丰富宣传工作，积极推动传统媒体和新兴媒体在宣传领域的融合，不断丰富宣传产品的内容与形式，创造性地宣传和解读金融网络舆情应对工作，切实拉近与社会公众的关系，围绕公众关心的金融网络舆情热点问题，既讲"怎么看"，又讲"怎么办"，引导公众能够切实理解和支持金融网络舆情应对工作，增加社会共识，凝聚社会智慧。

案例：中国证券监督管理委员会规范新闻工作
切实提高监管透明度

2014年3月21日，中国证券监督管理委员会发布《中国证监会新闻工作办法》（以下简称《办法》），自发布之日起实施。

证监会新闻发言人张晓军表示，《办法》的发布既是落实《国务院办公厅关于进一步加强政府信息公开回应社会关切提升政府公信力的意见》的具体体现，也是切实维护公众和市场的知情权、参与权和监督权，加强与市场主体沟通互动，进一步提高监管工作透明度，促进资本市场健康发展的必然要求。《办法》紧紧围绕资本市场改革发展和监管工作大局，以维护市场公开、公平、公正，维护投资者特别是中小投资者合法权益，促进资本市场健康发展为宗旨，着力提高新闻发布的及时性、主动性、规范性和有效性。

《办法》明确了新闻发布的主要内容。证监会依法主动公开各类监管信息，如涉及资本市场规章、规范性文件以及重大改革事项，关系公众和市场切身利益，须向社会通报或公开征求意见的。社会舆论已经或可能广泛关注的热点事件，属于监管职责范围之内应予以公开说明的。对已发布或公开征求意见的规章、规范性文件和改革事项需进一步阐释说明的。对监管对象采取重大监管措施、重大案件立案调查以及决定终结调查、作出行政处罚决定或市场禁入措施的等，应当及时进行新闻发布。

《办法》规定了新闻发布机制和形式。建立和完善新闻发布会、官方网站、新媒体平台等多元化新闻发布工作机制，健全新闻通气会、记者见面会、协调媒体采访、提供新闻素材等新闻工作形式。《办法》还明确，办公厅新闻办公室归口管理新闻工作，设证监会新闻发言人职位，并明确其主要职责。

《办法》还要求交易所及登记结算机构应当切实履行与自身市场组织和监管职能相对应的新闻工作职责，真实、准确、及时对外发布新闻，回应社会关切。证券期货行业协会及上市公司协会应当以促进证券期货行业和上市公司健康发展和维护公平市场原则为指导思想，主动做好新闻工作。

新闻发言人张晓军最后表示，《办法》的发布实施，将对证券期货监管系统做好新闻工作、提高透明度发挥积极作用。

资料来源：中国证券监督管理委员会网站．证监会规范新闻工作　切实提高监管透明度［EB/OL］．http：//www．csrc．gov．cn/pub/newsite/zjhxwfb/xwdd/201403/t20140321_245895．html．（2014－03－21）［2020－12－8］．

（五）努力实现科学引导

科学合理引导金融网络舆情，是金融管理部门和金融机构主动作为、开展舆情应对工作的重要内容，有利于促进社会公众理性对待金融网络舆情热点事件，有利于网络舆论在稳定、理性的轨道上发展，从而为金融行业健康稳定发展营造正能量的网络舆论环境。

科学引导金融网络舆情，需要特别注重做好四方面的工作：一是充分发挥意见领袖的积极作用；二是建立社会公众心理干预机制；三是推动提升社会公众的金融素养；四是主动开展议程设置。

1. 充分发挥意见领袖的积极作用

意见领袖一般由社会各阶层的精英人士组成，通常具有较强的理论知识基础、文字表达和沟通联络能力，对社会问题有长期的关注和深入的研究，在各自领域中有较高的知名度，具有较强的凝聚力和号召力，他们的观点往往被视为主流、权威、真实、可靠的声音，可以引导网络舆论话题并引起大范围的传播，在网络舆情中能够发挥明显的舆论动员力量，能够影响、引导舆论的发展方向，对于引导网络舆情事件具有重要意义。

在出现金融网络舆情事件时，应该及时、主动邀请相关意见领袖加入舆论引导工作。意见领袖参与舆论引导，有利于网络舆论保持比较理性、相对平稳的状态。当意见领袖的观点与社会公众的意见一致时，公众会受到专家影响，强化、保持理性的观点。当意见领袖的意见与社会公众的意见不一致时，公众也会用冷静、理智的思考方式分析意见领袖的观点，反思自己的观点是否存在偏颇，从而使舆论趋于理性。因此，在开展金融网络舆情引导时，要注重充分发挥意见领袖的作用，推动和促进金融网络舆情朝着良性、理性的方向发展。

发挥意见领袖的积极作用，科学引导金融网络舆情，可以从以下三方面入手：

一是建立意见领袖数据库。金融管理部门和金融机构可以根据意见领袖的影响力指数和领域建立重点意见领袖数据库，成立或指定内部机构专门负责意见领袖统计梳理工作。在每次金融网络舆情事件中，梳理、总结发挥积极正面作用的意见领袖，建档备案，为日后进一步做好引导工作奠定基础。

二是加强与意见领袖的沟通联络。金融管理部门和金融机构应与意见领袖保持密切、友好的联络，完善沟通机制，注重形成合力，推动和加强与意见领袖的良性沟通，并在一些特殊情况下主动向意见领袖通报相关信息，同时意见领袖也可以主动与金融管理部门、金融机构联络，求证相关网络信息的真实性，将真实信息准确、公正地传播到网络上，正确引导网络舆情。

三是注重培养自身的意见领袖。金融管理部门和金融机构可以有意识地培养自身的意见领袖，培育一批觉悟高、素质强、业务精的官方意见领袖，运用正确引导方法敏锐把握民意动向，准确判断金融网络舆情关键信息，把握网络舆情引导的主动权，实现经济稳定、社会和谐的目标。

在发挥意见领袖引导金融网络舆情的积极作用时，需要特别关注专家学者这个意见领袖群体。经济金融问题通常具有较强的专业性，多数社会群体对相关问题缺乏理论基础知识和深入理解。在经济金融领域的热点问题和事件出现后，知名专家和学者运用专业知识和实务经验，对事件做出专业解读和评论，能够在很大程度上影响社会公众的观点和心理，引导公众理性看待相关事件，对网络舆论的走向产生重要影响。

在金融网络舆情事件中，网上流传的信息五花八门，社会公众容易被一些不真实、不准确、非理性的观点和看法所影响，这就需要知名专家和学者通过互联网等渠道进行解读评论，开展正面引导。金融管理部门和金融机构应主动邀请一些知名度高、信誉良好的专家和学者，让他们通过各种宣传途径与网民进行互动，提供准确权威的信息，向社会公众传递正面观点和积极态度，有效缓解和消除负面心理情绪，引导公众正确对待和参与网络舆论。

案例：国务院金融稳定发展委员会办公室召开金融市场预期管理专家座谈会

2018年8月31日，国务院金融稳定发展委员会办公室召开金融市场预期管理专家座谈会。座谈会由金融委副主任、人民银行行长兼金融委办公室主任易纲主持。会议传达学习了国务院金融稳定发展委员会有关的会议精神，以及国务院副总理、金融委主任刘鹤在金融委专题会议上关于金融市场预期管理的一系列指示精神。会议邀请了博鳌论坛副理事长周小川、清华大学国家金融研究院院长朱民、中国发展研究基金会副理事长刘世锦、国务院发展研究中心副主任王一鸣、人民银行原行长助理张晓慧、中国社会科学院学部委员余永定、中欧陆家嘴国际金融学院常务副院长盛松成、中国金融四十人论坛高级研究员管涛、交通银行首席经济学家连平、北京大学国家发展研究院副院长黄益平、中国经济周刊首席研究员钮文新等专家学者，以及工商银行董事长易会满、农业银行董事长周慕冰、中国银行董事长陈四清、中国建设银行董事长田国立、中国人保董事长缪建民、上海证券交易所理事长黄红元、中投公司副总经理祁斌、深圳证券交易所总经理王建军、中国基金业协会会长洪磊、国泰君安董事长杨德红等机构负责人共同出席了座谈会。

与会专家、学者围绕2018年以来金融市场预期管理，金融委办公室如何建立与金融市场的有效沟通机制、金融管理部门如何更加广泛地听取金融市场的声音、金融决策如何更好发挥专家学者作用、如何更好地稳定市场预期、如何准确地预测和分析经济金融形势并正确决策进行了交流。

座谈会还就当前经济金融中的热点问题进行了讨论。

易纲同志在座谈会总结时对专家学者提出的建议等做了积极回应。

资料来源：中国人民银行网站．金融委办公室召开金融市场预期管理专家座谈会［EB/OL］．http：//www. pbc. gov. cn/goutongjiaoliu/113456/113469/3618351/index. html.（2018－09－03）［2020－12－10］．

2. 建立社会公众心理干预机制

科学开展金融网络舆情引导工作，还需要关注社会公众心理需求，建立金融网络舆情的心理干预机制。

在进行金融网络舆情应对工作时，要密切关注社会公众在接受、传播、反馈等过程中所表现出来的一系列情绪反应和心理特征，在此基础上进行科学引导和应对，满足公众的信息需求。在金融网络舆情发展的各个阶段，民众的诉求与情绪会发生变化，要根据舆情表现出的不同特点，灵活运用舆论引导方法和技巧，及时进行心理疏导，以最恰当的方式进行互动与交流，将公众注意力和关注点引入理性轨道，实现科学引导。

一般情况下，在金融网络舆情的初期阶段，金融管理部门和金融机构与社会公众之间信息不对称的问题较为突出，导致公众对事件的真实情况缺乏了解，从而因缺少相关信息和心理指导而产生恐慌心理。在这个阶段，社会公众会迫切需要及时、真实、有效的信息，金融管理部门和金融机构应承担金融网络舆情心理干预的主体角色，采取积极措施推动信息公开化，确保公众在负面舆论产生之前，了解相关事件的真实信息，防止公众听信不实信息而加剧心理的恐慌程度。在金融网络舆情的发展阶段，要持续收集分析涉及公众情绪和心理的数据和信息，密切关注舆情事件的发展动态，以便随时开展引导，做出有效应对，保证网络舆论在理性的轨道上发展运行。在金融网络舆情的尾声阶段，仍然要关注社会公众在心理方面的需求和尚未解决的情绪问题，防止因出现心理问题而导致金融网络舆情死灰复燃。同时，在金融网络舆情事件结束后，要注重社会公众的心理重建工作，修复事件给公众带来的负面心理影响，引导公众树立和巩固对金融行业持续健康稳定发展的信心。

3. 推动提升社会公众的金融素养

为了实现金融网络舆情引导的理想效果，还需要不断提升社会公众的金融素养。

提升社会公众的金融素养，也就是做好投资者教育工作。世界各国金融市场发展的历史显示，投资者教育是建设投资者权益保护长效机制的重要基础，是金融行业实现健康发展的重要保障。在互联网技术迅速发展的今天，网络舆情日益受到社会各界关注，投资者教育也成为科学引导金融网络舆情的重要内容。

投资者教育有利于培养健康的金融市场生态，有效化解市场风险。首先，投资者教育有助于保障金融市场健康发展和社会稳定。投资者的成熟程度对金融市场成熟与否有着重要影响，投资者受到良好教育是金融市场稳定运行的重要保障。目前，我国民众参与金融市场的人数众多、程度高，因此投资者的稳定一定程度上决定了社会的稳定。其次，投资者教育有助于提高投资者专业知识水平，帮助投资者客观、理性地参与金融市场。做好投资者教育，加深投资者对于市场法律规则、发展规律的正确理解，对于减少投资者盲目性、引导投资者理性看待金融网络舆情、防范和化解市场风险具有重要现实意义。

构建投资者教育体系，需要从投入、机制、媒介三方面着手：一是加大基础金融教育的投入，将投资者教育纳入国民教育体系，扩大金融知识的普及范围，从而促进投资者素质的整体提升，这是提高投资者教育整体效率的治本之道。二是建立行业标准与合理的激励制度，解决金融机构参与投资者教育的内在动力和潜在的利益冲突问题。金融机构具有与投资者直接接触的优势，是开展投资者教育的重要平台，调动其开展投资者教育工作的积极性是提升工作效果的重要环节。三是鼓励以财经媒体为主的第三方机构参与投资者教育，充分利用传统媒体和新兴媒体资源开展投资者教育服务创新，第三方机构作为系统性投资者教育体系的辅助，能有效提高投资者教育的及时性、准确性和有效性，可促进投资者教育长效机制的建立。

案例：证监会与最高检联合发布 12 起证券违法犯罪典型案例
以案说法 向市场传递"零容忍"信号

2020 年 11 月 6 日，中国证券监督管理委员会联合最高人民检察院发布了 12 起证券违法犯罪典型案例。

在回答中国证券报记者关于如何更好地发挥证监会行政处罚工作作用的提问时，证监会行政处罚委员会办公室主任滕必焱表示，证监会将从建立健全行政执法工作基础制度，严厉打击和惩处违法违规行为，强化舆论引导工作等方面着力做好行政处罚工作。

滕必焱表示，下一步，证监会将继续贯彻对各类违法违规行为"零容忍"的要求，加强与司法机关的协同合作，不断提升行政执法的专业化水平，提高行政执法一致性，依法打击各类证券违法犯罪活动，为增强资本市场枢纽功能，全面实行股票发行注册制，建立常态化退市机制，提高直接融资比重提供执法保障，全力维护资本市场健康稳定发展。

证监会表示，典型案例的发布，既能够以案说法，向市场传递"零容忍"的信号，提升执法威慑，净化市场生态，又能够进一步强化行政刑事执法协作，保障证券行政执法一致性，有效提升监管执法效能，对于资本市场更好服务实体经济发展，切实保护投资者合法权益具有十分重要的意义。

本次发布的 12 起证券违法犯罪典型案例包括 6 起证券刑事犯罪典型案例和 6 起证券行政违法典型案例。其中，6 起证券行政违法典型案例包括信息披露违法违规，操纵市场和内幕交易等案件类型，主要针对危害资本市场健康稳定的三大"顽疾"，均是受到社会广泛关注、有一定社会影响力的典型案件，例如"雅某股份有限公司信息披露违法案""廖某强操纵证券市场案"等。另外 6 起证券刑事犯罪典型案例涵盖了当前证券犯罪的主要类型，体现了依法从严惩治证券犯罪的司法态度。

典型案例直观展现了执法司法部门严格落实党中央、国务院关于强化金融监管的总体要求,严厉打击资本市场违法违规行为的工作成效。

证监会指出,监管执法是资本市场健康发展的基石。证监会高度重视证券、期货违法犯罪案件的行政执法工作,切实贯彻党中央、国务院关于依法惩治金融证券违法犯罪、防范化解重大金融风险的决策部署。

在回答中国证券报记者关于发挥行政处罚工作作用的提问时,滕必焱表示,行政处罚工作主要在以下几个方面着力:

一是建立健全行政执法工作基础制度。以新证券法的贯彻实施为契机,持续开展类型化案件认定标准、裁量基准等相关配套制度建设,推动完善行政执法工作的体制机制,积极参与刑法修改、期货法出台等立法工作进程,不断夯实行政执法工作的基础,进一步提升执法效率和专业化水平。

二是严厉打击和惩处违法违规行为,显著提升违法成本。加强对欺诈发行、信息披露违法、内幕交易、操纵市场等典型违法行为的惩戒力度。进一步压实中介机构责任。督促其切实发挥好市场"看门人"作用。通过严格执法为全面实行股票发行注册制、提高上市公司质量提供坚实的后端执法保障。

三是强化舆论引导工作,向市场传递"零容忍"的鲜明信号。加强对典型案件的宣传。及时通报财务造假等类型的典型案件处理情况,以案说法,借助典型案例宣传强化对市场主体的警示教育,引导全市场构建诚信守法的良好生态。

资料来源:中证网.证监会与最高检联合发布12起证券违法犯罪典型案例 以案说法向市场传递"零容忍"信号〔EB/OL〕.http://www.cs.com.cn/xwzx/hg/202011/t20201107_6109239.html.(2020-11-07)〔2020-12-16〕.

案例：海南省2020年"金融知识普及月 金融知识进万家 争做理性投资者争做金融好网民"联合宣传教育活动全面开启

宣传月期间，各机构将通过线上线下相结合、"请进来"与"走出去"相结合的方式，全方位、多渠道开展金融知识普及活动，为群众带来一场场金融知识盛宴。

一、"听说读写看"全体验

广播电台听金融

脱口秀说金融

社区书屋读金融

书法比赛写金融

宣传视频展播看金融

二、基地、夜校齐发力

在城市，依托海口、三亚、三沙、文昌、琼中五家金教基地就存保制度、个人征信、银行卡安全、个人信息保护和防范非法金融活动五个主题开展宣传活动。

在农村，依托金融夜校，为农民朋友开展现场金融知识授课活动。

三、线上线下同开展

线上开设"每天一分钟，存款保险知识全掌握"抖音线上课堂，普及存款保险知识。

线下组织金融消保志愿者开展金融知识进学校、进农村、进企业、进社区、进部队、进商圈等宣传活动。

四、全省市县共联动

在三亚市，举办面向金融系统的金融消保技能竞赛。

在文昌市，举办面向学生群体的金融微视频作品竞赛活动。

在琼中县，开展针对农民群众的金融扶贫扶智文艺下乡宣传活动。

在临高县，开展针对渔民的金融知识进渔村上渔船活动。

五、重点人群全覆盖

进校园开展"上好一堂金融知识课，助力海南自贸港建设活动"，为学生普及金融知识。

利用普惠金融服务站、助农取款点、邮政便民服务站，为农民群众开展金融知识宣传。

利用建行"劳动者港湾"对环卫工人开展金融知识宣传。

组织"小贷技术员进千家"，入企入户宣传金融知识。

资料来源：中国人民银行网站. 海南省 2020 年"金融知识普及月　金融知识进万家　争做理性投资者　争做金融好网民"联合宣传教育活动全面开启［EB/OL］http：//haikou. pbc. gov. cn/haikou/2927305/4092103/index. html.（2020 － 09 － 10）［2020 － 12 － 18］.

4. 主动开展议程设置

主动设置议程是实现科学引导舆论不可或缺的重要环节。议程设置是引导舆论的重要手段，有效的议程设置有利于引导舆论理性化，弥补社会舆论隔阂，营造健康、稳定的网络舆论环境。

议程设置理论由美国传播学家马克斯韦尔·麦库姆斯（Maxwell McCombs）和唐纳德·肖（Donald Shaw）提出，是关于大众传播理论的一个重要假设。该理论认为人们对某个重要事件的认识程度，与大众媒体海量报道和重点关注之间存在一种正效应关系，即媒体给予的强调越多，受众给予的重视程度就越高。管理学、社会学等学科的研究也表明，舆情是基于特定议题的出现而产生的。媒体通过巧妙的议程设置，关注、聚焦某些问题，不但能够消除、化解网络舆论的矛盾点，而且有利于将社会公众的心理和情绪引导到更加理性、更有建设性的方向。

金融管理部门和金融机构设置议程的过程，也是其基于自身的责任和价值理念，通过传统媒体、新媒体等途径主动设置金融网络舆论热点话题、征集公众意见、加强互动交流，从而凝聚共识的过程，把社会公众的关注点吸引到金融行业持续健康发展的话题上来，引导公众理性看待和讨论金融网络舆情事件和问题。

开展金融网络舆情的议程设置，需要从时机把握和能力提升两个方面双管齐下，力争取得理想效果。

一是充分利用首因效应把握议程设置时机。在网络舆论领域，首因效应在很大程度上决定着媒体议程设置的效果。金融管理部门和金融机构应充分利用首因效应，通过迅速、有力、合理的处置措施和实际成效，第一时间设置网络舆论议程，以获得议程设置的主动权。金融管理部门和金融机构在设置议程时应准确把握社会公众的关注点，站在公众的角度，根据相关金融网络舆情的发展阶段和关键节点，科学合理地设置议程，从而引发公众的共鸣与支持，吸引公众以理性、客观的方式积极参与网络舆情。

二是发挥传统媒体和新媒体优势，提升议程设置能力和水平。在新媒体迅速发展并对人们生活产生巨大影响的情况下，社会公众与媒体的双向影响变得越来越强，这对议程设置提出了更高要求。金融管理部门和金融机构需要加强议程设置的统筹协调，充分发挥传统媒体和新媒体的各自优势，加强资源整合，实现有效联动，不断提升议程设置的能力和水平，实现与社会公众良性的议题互动，最终实现科学引导金融网络舆情。

案例：中国证券监督管理委员会发挥政府网站作用促进资本市场稳定健康发展

中国证券监督管理委员会高度重视政府网站建设、政务公开和政务服务工作，将政府网站建设作为推进国家治理体系和治理能力现代化，深化"放管服"改革，全面推进政务公开和"互联网＋政务服务"，促进资本市场稳定健康发展的重要工作。

特别是在舆论引导方面，证监会打造更加权威的政策发布和舆论引导平台，加强新闻舆论的正向引导。

证监会充分利用新闻发布会、政策吹风会等方式，主动回应重点舆论关切，释放信号，引导预期。坚持政策制定与政策解读工作同步部署、同步考虑。按照"谁起草、谁解读"的原则，做到政策性文件与解读方案、解读材料同步组织、同步审签、同步部署。在政策规则制定过程中，通过网站"公开征求意见"栏目向社会公众征求意见。在政策规则发布时，以在网站配套发布新闻稿等多种方式对基本思路、核心精神、重点条款进行全面和深入的解读。对于社会关注度高的法规政策和重大措施，加强权威解读，在网站"政策解读"栏目以答记者问方式解疑释惑，传递权威解读。

证监会坚持每周例行新闻发布会制度，并同时在网站"新闻发布会"栏目更新相关内容，及时回应社会关切。2017 年以来已举办 47 场新闻发布会，主动发布 200 余条新闻，回应记者关切问题 50 余个。2017 年新闻发布会加大了稽查执法和行政处罚案件宣传，每周都有行政处罚案件在网站公布，有效推动了执法宣传常态化。新闻发布会通报 2016 年稽查执法情况和稽查专项执法行动情况；部署 2017 年专项执法行动，通报专项执法行动案件进展情况。稽查宣传放大执法效果，传递依法全面从严的监管信号。通过例行新闻发布会及时公开行政处罚工作情况，对市场形成有力震慑，增强了执法透明度。

资料来源：中国证券监督管理委员会. 证监会发挥政府网站作用　促进资本市场稳定健康发展 [EB/OL] . http：//www. csrc. gov. cn/pub/newsite/zjhxwfb/xwdd/2017 12/t20171229_329878. html. （2017 - 12 - 29）［2020 - 12 - 18］.

参考文献

［1］王晓晖．舆情信息汇集分析机制研究［M］．北京：学习出版社，2016.

［2］王来华．舆情研究概论：理论、方法和现实热点［M］．天津：天津社会科学院出版社，2003.

［3］中共中央宣传部舆情信息局．舆情信息工作概论［M］．北京：学习出版社，2006.

［4］陈力丹．舆论学：舆论导向研究［M］．上海：上海交通大学出版社，2012.

［5］中国互联网络信息中心．第 46 次《中国互联网络发展状况统计报告》［EB/OL］．http：//www. cnnic. net. cn/hlwfzyj/hlwxzbg/hlwtjbg/202009/P020210205509651950014. pdf.（2020－09－29）［2020－11－11］．

［6］黄达，刘鸿儒，张肖．中国金融百科全书［M］．北京：经济管理出版社，1990.

［7］陈涛．有序去杠杆稳定金融市场预期［N］．经济参考报，2018－02－12（1）．

［8］张世晓．金融舆情演化机理与监测管理机制研究［M］．武汉．湖北人民出版社，2014.

［9］中国统计局．张军：从民生指标国际比较看全面建成小康社会成就［EB/OL］．http：//www. stats. gov. cn/tjsj/sjjd/202008/t20200807_1781473. html. (2020 - 08 - 07) [2020 - 11 - 26].

［10］杨婕，张一帆. 大数据时代网络舆情与社会治理研究［J］. 才智，2018（11）.

［11］伊丽莎白·诺尔 - 诺依曼. 沉默的螺旋：舆论——我们社会的皮肤［M］. 北京：北京大学出版社，2013.

［12］王来华. 舆情变动规律初论［J］. 学术交流，2005（12）：155 - 159.

［13］蒋忠波. "群体极化"之考辨［J］. 新闻与传播研究，2019（3）：8 - 9.

［14］郑杭生等. 社会学概论新修（修订本）［M］. 北京：中国人民大学出版社，1998.

［15］彭兰. 网络传播概论（第四版）［M］. 北京：中国人民大学出版社，2017.

［16］吴诗贤，张必兰. 网络舆情群体极化相关研究述评［J］. 重庆工商大学学报（社会科学版），2015（3）：85 - 88.

［17］勒庞. 乌合之众——大众心理研究［M］. 北京：中央编译出版社，2005.

［18］乌尔里希·贝克，王武龙. 从工业社会到风险社会（上篇）［J］. 马克思主义与现实，2003（3）：33.

［19］安东尼·吉登斯. 失控的世界［M］. 周红云译. 南昌：江西人民出版社，2001.

［20］张发林. 风险社会视域下的网络舆情治理研究［D］. 武汉：武汉大学，2016.

［21］管其平. 风险社会理论视域下的网络风险及其消解［J］. 西安建筑科技大学学报（社会科学版），2020（3）：50 - 55.

［22］刘岩. 风险社会理论新探［M］. 北京：中国社会科学出版社，2008.

［23］杨安华. 近年来我国公共危机管理研究综述［J］. 江海学刊，2005（1）：75 - 82.

［24］亚当·斯密．国民财富的性质和原因的研究（上卷）［M］．北京：商务印书馆，1972．

［25］程瑜．凯恩斯经济学方法的科学哲学评价［J］．当代经济科学，2010，32（1）：117－123．

［26］切斯特·I．巴纳德．经理人员的职能［M］．北京：机械工业出版社，2007．

［27］赫伯特·西蒙．现代决策理论的基石［M］．北京：北京经济学院出版社，1989．

［28］马费成，龙骞．信息经济学（一）第一讲　信息经济学的主要领域［J］．情报理论与实践，2002，25（1）：72，77－79．

［29］George A. Akerlof. The Market for "Lemon"：Qualitative Uncertainty and the Market Mechanism［J］. Quarterly Journal of Economics，1970（84）：488－500．

［30］Eugene F. Fama. Efficient Capital Markets：A Review of Theory and Empirical Work［J］. Journal of Finance，1970（25）：383－417．

［31］程传海，王梅．金融市场的有效理论述评［J］．开放导报，2005（6）：78－83．

［32］约翰·梅纳德·凯恩斯．就业、利息和货币通论［M］．北京：北京联合出版公司，2015．

［33］丹尼尔·卡尼曼．思考，快与慢［M］．北京：中信出版社，2012．

［34］Kahneman D. , Tversky A. Prospect Theory：An Analysis of Decision under Risk［J］. Econometrica，1979，47（2）：263－291．

［35］Barber Brad M. , Odean. Terrance. Boys Will Be Boys：Gender, Overconfidence, and Common Stock Investment［J］. The Quarterly Journal of Economics，2001，116（1）：261－292．

［36］Fama E. F. Agency Problems and the Theory of the Firm［J］. Journal of Political Economy，1980，88（2）：288－307．

［37］Fombrun C. J. Reputation：Realizing Value from the Corporate Image

［M］. Boston, MA：Harvard Business School Press, 1996.

［38］Fombrun C., M. Shanley. What's in a Name? Reputation Building and Corporate Strategy ［J］. Academy of Management Journal, 1990, 33 (2)：233 – 258.

［39］Kreps D., P. Milgrom, J. Roberts, et al. Rational Cooperation in the Finitely Repeated Prisoners' Dilemma ［J］. Journal of Economic Theory, 1982, 27 (2)：245 – 252.

［40］中国信息通信研究院. 区块链白皮书 (2019) ［EB/OL］. http：// www. caict. ac. cn/kxyj/qwfb/bps/201911/t20191108_269109. htm. （2019 – 11 – 08）［2020 – 11 – 18］.

［41］谭云明, 饶潇. 网络金融的舆情引导策略 ［J］. 重庆社会科学, 2015 (7)：73 – 81.

［42］程鑫. 金融舆情与金融业稳健发展 ［J］. 中国金融, 2015 (11)：83 – 84.

［43］中国证券监督管理委员会. 中国证监会行政处罚决定书 (廖英强) ［EB/OL］. http：//www. csrc. gov. cn/pub/zjhpublic/G00306212/201804/t20180 426_337343. htm. （2018 – 04 – 03）［2020 – 12 – 09］.

［44］上海证券交易所. 关于近期 "黑嘴" 荐股操纵案件线索情况的媒体问答 ［EB/OL］. http：//www. sse. com. cn/disclosure/credibility/regulatory/ news/c/c_20190214_4721662. shtml. （2018 – 05 – 11）［2020 – 12 – 09］.

［45］中国政府网. 温家宝总理答中外记者问——在十届全国人大三次会议记者招待会上 ［EB/OL］. http：//www. gov. cn/gongbao/content/2005/content_63194. htm. （2005 – 03 – 15）［2020 – 12 – 16］.

［46］中国人民银行. 中国人民银行金融研究所发布《人民币汇率形成机制改革进程回顾与展望》［EB/OL］. http：//www. pbc. gov. cn/yanjiuju/ 124427/124429/124431/2854950/index. html. （2011 – 10 – 12）［2020 – 12 – 16］.

［47］FATF Report. Virtual Currencies：Key Definitions and Potential AML/ CFT Risks ［EB/OL］. http：//www. fatf – gafi. org/publications/methodsandtrends/ documents/virtual – currency – definitions – aml – cft – risk. html. （2014 – 06）

［2020 - 12 - 11］.

［48］澎湃新闻网．虚拟货币：失败的货币实验和成功的技术革新［EB/OL］. https：//www. thepaper. cn/newsDetail_forward_8914853. （2020 - 08 - 30）［2020 - 12 - 11］.

［49］199it 网：CipherTrace：2019 年加密货币犯罪造成的损失超过 45 亿美元［EB/OL］. http：//www. 199it. com/archives/1006570. html. （2020 - 02 - 12）［2020 - 12 - 11］.

［50］Neil Gandal, J. T. Hamrick, Tyler Moore, Tali Oberman. Price Manipulation in the Bitcoin Ecosystem［J］. Journal of Monetary Economics, 2018（1）.

［51］中金网．2019 年澳大利亚人由于加密诈欺损失超过 1400 万美金［EB/OL］. http：//gold. cngold. com. cn/20200624d11141n345395746. html. （2020 - 06 - 24）［2020 - 12 - 11］.

［52］澎湃新闻网．韩国：去年以虚拟货币投资为由头的诈骗公司数量同比增逾 1 倍［EB/OL］. http：//www. thepaper. cn/newsDetail_forward_8573182.（2020 - 08 - 04）［2020 - 12 - 11］.

［53］证券日报网．中国金融稳定性仍然良好——基于 2019 年 5 月份市场数据的观察［EB/OL］. http：//www. zqrb. cn/finance/hangyedongtai/2019 - 06 - 15/A1560535704188. html.（2020 - 06 - 15）［2020 - 12 - 01］.

［54］CFTC. Trading in NYMEX WTI Crude Oil Futures Contract Leading up to, on, and around April 20, 2020［EB/OL］. https：//www. cftc. gov/PressRoom/PressReleases/8315 - 20.（2020 - 11 - 23）［2020 - 12 - 23］.

［55］刘波维，曾润喜．网络舆情研究视角分析［J］. 情报杂志，2017（2）：83 - 86.

［56］彭知辉．网络舆情研究路径分析［J］. 图书馆杂志，2016（12）：23 - 25.

［57］赵惠春，吴滋兴，张职瑄．人民银行舆情调查制度建设构想［J］. 福建金融，2007（11）：38 - 39.

［58］董光雄，张凡凯，吴松，林威．对完善金融突发事件应急处置机制的思考［J］．福建金融，2009（5）：13－15.

［59］赵敏．加强投资者教育　夯实资本市场投资者保护基础［J］．清华金融评论，2017（6）：15－16.

［60］李建勇．我国投资者教育的效果评估和问题分析［N］．证券时报，2018－09－20（13）.

［61］McCombs M. E., Shaw D. L. The Agenda－Setting Function of Mass Media［J］. Public Opinion Quarterly, 1972, 36（2）：176－187.